JOSÉ HENRIQUE BORTOLUCI

# WAS VON MEINEM VATER BLEIBT

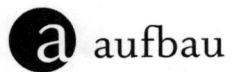 aufbau

JOSÉ HENRIQUE
BORTOLUCI

# WAS VON MEINEM VATER BLEIBT

Aus dem brasilianischen Portugiesisch
von Maria Hummitzsch

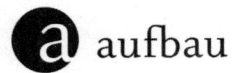 aufbau

Die Originalausgabe unter dem Titel
*O que é meu*
erschien 2023 bei Editora Fósforo, São Paulo.

MIX
Papier | Fördert
gute Waldnutzung
FSC® C083411

ISBN 978-3-351-04216-5

Aufbau ist eine Marke der Aufbau Verlage GmbH & Co. KG

1. Auflage 2024
© Aufbau Verlage GmbH & Co. KG, Berlin 2024
www.aufbau-verlage.de
10969 Berlin, Prinzenstraße 85
© 2023, José Henrique Bortoluci
Einbandgestaltung zero-media.net, München
Satz Greiner & Reichel, Köln
Druck und Binden CPI books GmbH, Leck, Germany

Printed in Germany

*Es gibt keinen Text ohne Filiation.*

**ROLAND BARTHES**


*In jedem Fall wünschen wir uns für Brasilien*
*ein Wunder über acht Millionen Kilometer.*

**GRACILIANO RAMOS**

# INHALT

# ERINNERN UND ERZÄHLEN

*Daran, dass mein Vater für mich nichts war als zu viel*
*Abwesenheit. Und der Fluss ... Fluss ... Fluss ... in einem fort.*

João Guimarães Rosa
*Das dritte Ufer des Flusses*

*Denk dran, dass dein Vater mitgeholfen hat, diesen Flughafen*
*zu bauen, damit du fliegen kannst.* Diesen Satz meines Vaters bekomme ich jedes Mal zu hören, wenn ich am Flughafen Guarulhos einen Flieger besteige. Und ich denke jedes Mal daran, aber es zu begreifen, hat eine Weile gedauert. Der Fernfahrervater besucht sein Zuhause, seine Frau und seine Kinder. Er kommt, fährt aber bald wieder los. Er und sein Lkw, ein Paar, fast schon ein einziges Ding, das zu viel war und zu wenig, beständig und flüchtig. Als kleiner Junge wollte ich, dass sie blieben, dass sie wegfuhren, wollte ich mit ihnen fahren.

Diesen Satz wiederholte er auch an dem Tag im August 2009, als ich in die USA flog, um meinen Doktor in Soziologie zu machen, und wir auf dem Weg zu besagtem Flughafen waren. In den Monaten, in denen ich mich auf diesen Umzug vorbereitete, zeigte ich ihm den Bundesstaat Michigan wiederholt auf der Landkarte. Wir errechneten die Entfernung zwischen Jaú und Ann Arbor, wo ich die kommenden sechs Jahre leben würde. Mein Vater versteht nichts von der Welt der Universitäten, er beherrscht weder die Terminologie noch die akademischen Gepflogenheiten. Er hat eine vage Vorstellung davon, was es heißt, einen Doktor zu machen. Von Entfernungen jedoch versteht er etwas.

Achttausend Kilometer trennen die beiden Städte. Diese Zahl beeindruckte ihn nicht. In fünf Jahrzehnten im Lkw hatte er diese Entfernung Hunderte Male zurückgelegt. Einmal bat er mich darum zu errechnen, wie viele Male man mit der Strecke, die er mit dem Lkw bewältigt hatte, die Erde umrunden könnte.

*Kommt man damit bis zum Mond?*

In der Vorstellung meines Vaters ist eine Lkw-Reise von der Erde bis zum Mond konkreter als mein Leben als Akademiker, Dozent und Autor.

Wörter sind Straßen. Mit ihnen verbinden wir die Punkte zwischen der Gegenwart und einer Vergangenheit, zu der wir keinen Zugang mehr haben.

Wörter sind Narben, die Überreste unserer Erfahrungen beim Zuschneiden und Zusammennähen der Welt, beim Zusammenflicken ihrer Teile, beim Zusammenklammern dessen, was auseinanderzureißen droht.

Wörter waren die Geschenke, die mir mein Vater in meiner Kindheit in seinem Lkw mitbrachte. Sie existierten für sich – Fahrersitz, Transamazônica, Lkw, Fernstraße, Amazonaswelle, Belém, Heimweh –, oder fügten sich zu Geschichten über eine Welt zusammen, die mir viel zu groß erschien. Ich musste sie mir in all ihren Farben ausmalen, sie mir einprägen und mich an ihnen festhalten, denn bald würde mein Vater erneut wegfahren und erst vierzig, fünfzig Tage später wiederkommen.

Die meisten dieser Geschichten waren Rekonstruktionen von Ereignissen, die er auf der Straße gesehen oder gehört hatte. Andere waren Fantasiegebilde: die spektakuläre Jagd auf einen Riesenvogel im Amazonas, die Legende von einem Schafbock, den er auf einer Fernstraße aufgegabelt und als Begleiter mitgenommen hatte, die Reisen über die bolivianische Grenze mit Hippiegruppen in den Siebzigern. Viele von ihnen waren wahrscheinlich eine Mischung aus Fakten und Phantasie. Er beschreibt detailliert das Auftauchen eines UFOs auf einer Straße in Mato Grosso, Nächte in abgelegenen indigenen Dörfern, Zusammenstöße mit bewaffneten Soldaten und heldenhafte Rettungen von Lkws, die in Schluchten gestürzt waren.

Mein Vater heißt José Bortoluci. In Jaú nennen ihn alle Didi, aber auf der Straße war er Jaú. Geboren wurde er im Dezember 1943 als fünftes von neun Kindern im ländlichen Teil einer Kleinstadt im Inland von São Paulo.

Mein Vater besuchte die Schule bis zur vierten Klasse, arbeitete ab seinem siebten Lebensjahr auf dem kleinen Bauernhof seiner Familie und zog mit fünfzehn mit ihr in die

Stadt. Als er Fernfahrer wurde, war er gerade einmal 22 Jahre alt. *Ich war jung, aber mutig wie ein Löwe.* 1965 fing er mit dem Lkw-Fahren an, und 2015 ging er in Rente. Das Land, das er durchquerte und aufzubauen half, war damals ein anderes, fühlt sich in den letzten Jahren aber bekannt an: ein von der Logik der Grenze beherrschtes Land, von der Expansion um jeden Preis, der »Kolonisierung« neuer Territorien, der Umweltzerstörung, einer Gesellschaft der immer größeren Ungleichheit. Die Straßen und Lkws nehmen einen wesentlichen Platz in dieser Vorstellung von einer fortschrittlichen Nation ein, in der Wälder und Flüsse Fernstraßen, Minen, Weideflächen und Kraftwerken weichen.

Beladen war der Lkw mit meinem Vater, schmutziger Wäsche und wenig Geld. Meine Mutter war verzweifelt und füllte zwei Rollen aus: versorgte ihre Kinder und nähte für andere.

Ich bin der Älteste. Ich verstand sehr früh, dass unser Familienleben von den Risiken extremer Armut, galoppierender Inflation und früh einsetzender Krankheit überschattet war.

Wir gewöhnten uns daran, in einem Zustand der Ungewissheit zu leben, mit dem Druck offener Rechnungen und innerhalb der unmittelbaren Grenzen dessen, was wir essen, erleben und uns wünschen konnten. Hungern mussten wir nie, in manchen Zeiten, weil Nachbarn, Freunde und Verwandte uns halfen, wenn das Familieneinkommen zur Neige ging und die finanziellen Forderungen an meinen Vater ihren Höchststand erreichten. »Aber ich lernte einen Halb-hunger kennen, wie man ihn beim Duft des Mittagessens spürt, der durch die Türen der Bessergestellten dringt«, wie ihn die dänische Autorin Tove Ditlevsen in »Kindheit« beschreibt, und ich weiß noch, wie ich mich an ihn gewöhnte. Ein drängender Halbhunger, den wir für gewöhnlich verachten und dem wir die irreführende Bezeichnung »Appetit« gegeben haben. In meinem Fall wurde dieses Gefühl von der Werbung für zuckerhaltige Joghurts und Cerealien befeuert, die in den Achtzigern und Neunzigern das Fernsehen überschwemmte und bis heute wie ein klangloses Echo jener vergangenen Sehnsüchte lästige Gelüste in mir auslöst.

Ein Großteil der Kleidungsstücke, die mein Bruder und ich in den ersten zwanzig Lebensjahren trugen, waren gebraucht, von einem Onkel oder einer Tante gespendet, oder aber in »Second Hand Shops« gekauft. Meine Mutter, die als Schneiderin arbeitete, um zu den Haushaltseinnahmen beizutragen, sorgte dafür, dass sie umgenäht und tadellos sauber waren. Die neueren waren »für den Gottesdienstbesuch«, die älteren für den Gebrauch unter der Woche.

Unser Haus war klein und stickig, nach und nach an die Rückseite des Hauses meiner Großeltern gebaut worden. Die offene Küche stand bei jedem stärkeren Regen unter Wasser. In diesem Raum lernten mein Bruder und ich für die Schule, und meine Mutter arbeitete dort den ganzen Tag. Die Klangkulisse in diesem Haus bildete das Nähmaschinenrattern und das auf irgendeinen Lokalsender eingestellte Radio meiner Mutter. Viel Arbeit, wenig Geld und keine Zeit, die Fäden des gewebten Tuchs wieder aufzutrennen: in dieser Geschichte gibt es keinen Odysseus und keine Penelope.

Meine Mutter hasste es, wenn mein Vater im Haus rauchte. Darum verbrachte er, wenn er in Jaú war, viel Zeit auf einer Treppenstufe von der Küche in den kleinen Hof, den wir uns mit meinen Großeltern mütterlicherseits teilten. Diese Stufe, ein begrenzter Raum zwischen Innen und Außen, verkörperte den unklaren Status, den mein Vater für mich besaß. Ein Mann, den ich als festen Teil meines Lebens ansah und zugleich als sporadischen Gast, der den Rhythmus unserer Tage störte.

Die finanziellen Forderungen an ihn hörten nie auf. Bei uns zu Hause hing ein stiller Schrecken in Verbindung mit dem Wort »Überziehungskredit« in der Luft, das ich wahrscheinlich schon in meinen frühen Lebensjahren lernte. Und mehr als alles andere mit »Schulden«: ein Würgemale auslösendes Wort, das sich wie Zigarettenrauch in den Zimmern ausbreitete. Dieses Wort kam mit dem Lkw und blieb auch nach der Abreise meines Vaters zurück. Bis heute ruft das Wort »Schulden« Erinnerungen an den Geruch von Zigaretten und das Bild jener Treppenstufe im Haus meiner Eltern wach.

Es gibt so gut wie keine schriftlichen Zeugnisse aus diesen fünfzig Jahre auf der Straße – nur zwei Postkarten an meine Mutter und einige vergilbte Rechnungen in einer Schublade. Doch mein Vater erinnert sich an vieles, und seine »Madeleines« tauchen vor allem dann auf, wenn man sie am wenigsten erwartet: ein Bild im Fernsehen erinnert ihn daran, wie er einmal tagelang ohne Essen auf einer schlammigen Straße im Süden von Pará feststeckte; jede Radiomeldung von einem schweren Verkehrsunfall öffnet eine Schachtel voller Geschichten von den vielen Unfällen, die er gesehen, und der Handvoll, an denen er selbst beteiligt war; Geschichten von Dörfern, Jägern, fernen tropischen Landschaften und von Gefährten – manche von ihnen loyal, andere nicht, die meisten verstorben. Erzählungen, die vorüberziehen und sich ohne Untermauerung von Fotos oder Aufzeichnungen neu zusammensetzen. Was bleibt, sind die Erinnerungen eines beinah Achtzigjährigen, durch die Zeit schon ein wenig trüb.

*Ach, Junge, ich habe so viel gesehen. Ich hätte Fotos machen, was aufschreiben sollen. Aber ein Handy oder so was hatte ich nicht. Gab es nicht. Fotografieren konnte man damals nur mit einer Kodak, diesen Schwarz-Weiß-Dingern, aber so eine habe ich nie gehabt. Wenn ich alles festgehalten hätte, was ich gemacht habe, würdest du platzen vor Stolz. Parat habe ich das, was ich gesehen und abgespeichert habe. Darum versuch ich es einfach mit Erinnern und Erzählen.*

Auch Fotos, auf denen mein Vater zu sehen ist, gibt es nur wenige aus diesen fünfzig Jahren, und nur zwei oder drei stammen von seinen Reisen. Die meisten zeigen Familienfeste in Jaú.

Auf einer dieser Aufnahmen sieht man uns beide in der

Küche unseres Hauses. Es ist mein erster Geburtstag im November 1985. Mein Vater hält mich hoch, während Cousins und Cousinen rings um den Kuchen stehen und ein Geburtstagslied für mich singen. Bunte Luftballons, blaue Plastikbecher und eine Glasflasche Coca-Cola bilden die Kulisse. Er hält mich gut fest, und es wirkt, als würde ich ihm vertrauen; ich halte mich aufrecht, berühre nur mit den Spitzen meiner winzigen roten Turnschuhe den Tisch. Ich schaue in die Kamera, die Augen weit aufgerissen und wach, und er schaut zu mir. Meine Haare waren heller als heute, und seine hatten noch nicht ihre Farbe verloren: sie sind nach hinten gekämmt, lang, glänzend und fettig von Trim, dem Haaröl, das er jahrzehntelang verwendet hat, bis er vor Kurzem beschloss, dass er damit aufhören und die Haare kurz tragen würde – der gleiche Schnitt wie mein Großvater im Alter. Meine kleinen blassen Hände liegen auf der sonnengegerbten Haut meines Vaters, gezeichnet von der für Lkw-Fahrer typischen ungleichmäßigen Bräune, die sich bis heute hält, auch wenn seine Haut bleicher geworden und von Flecken und Narben übersät ist. Die eine kleine Hand auf seinem Arm, die andere auf den Fingern einer der beiden Hände, die mich halten. Es ist eines der wenigen Bilder ohne meine Mutter darauf (hat sie das Foto vielleicht gemacht?).

Wenige Tage nach dem Fest kehrte mein Vater auf die Straße zurück und kam erst Wochen später wieder nach Jaú, vielleicht zu Weihnachten oder zur Geburt meines Bruders sechs Wochen darauf. In einem Tagebuch, das meine Mutter jahrelang führte, vom Anfang der Beziehung mit meinem

Vater im Jahr 1976 bis kurz nach meiner Geburt, beschreibt sie die aufgrund der Entfernung zerfaserte Zeit: »Didi, ich liebe dich so sehr und würde es dir Millionen Mal sagen, wenn du jeden Tag hier bei mir wärst. Aber ich weiß ja, dass das unmöglich ist, weil ich arbeiten muss und du auch, bis wir unser Ideal erreicht haben. Mit der Entfernung kommt die Sehnsucht, aber nie das Vergessen.«

Ich weiß nicht, was dieses Ideal ist, von dem sie spricht, und ob es sich heute so anfühlt, als hätte sie es erreicht. Dieser Eintrag stammt vom 3. Juni 1976, aber der Ton dieser Zeilen wiederholt sich im Laufe der nächsten neun Jahre etliche Male.

Als mein Vater wegen des zusammengebrochenen Gesundheitssystems in der Region Jaú, einer der am stärksten vom Coronavirus betroffenen Regionen zu Beginn dieses traurigen Starts in das Jahr 2021, isoliert zu Hause saß, schien er sich darauf zu freuen, seine Geschichten zu erzählen. Im Januar desselben Jahres begann ich damit, sie bei aufeinanderfolgenden Besuchen aufzunehmen, immer an warmen Abenden nach dem Essen. Er führte diese Gespräche mit mir am liebsten im Hof, in einer alten Hängematte liegend, die er in den Siebzigern in einer Stadt in Piauí gekauft und jahrzehntelang auf Reisen genommen hatte.

*Dieses Gespräch, das wir hier führen, mein Junge, das bleibt dir als Erinnerung, weil du weißt ja, dass dein Vater bald geht..*

Nach einer dieser Aufnahmen fragte er sich laut, ob er es noch schaffen würde, das Buch veröffentlicht zu sehen.

Diese Frage habe ich mir seit Dezember 2020 auch gestellt, als er mir zum ersten Mal von seltsamen Unterleibschmerzen und dem seit einigen Wochen auftretenden Blut im Stuhl erzählte.

Während ich Anfang des Jahres 2021 diese Zeilen schrieb, begann mein Vater mit 78 eine Darmkrebs-Behandlung. Der Tumor in seinem Körper wuchs, befiel unser Familienleben und schaffte es bis in dieses Buch.

Am 29. Dezember 2020 wurde der Krebs diagnostiziert, noch bevor ich mit einer Reihe von Interviews mit ihm begann, aber nachdem ich ihm bereits gesagt hatte, dass ich Gespräche zwischen uns aufzeichnen wolle, um ihn von der Straße erzählen zu hören, von den Geschichten seines Lebens, seinen »Abenteuern«, seinen Erinnerungen und was er sonst noch zu sagen habe.

Als ich das erste Mal erwähnte, dass ich an einem Buch schreiben würde, fragte er mich, ob das gut für mich sei. Ich antwortete, ja, das dächte ich schon. *Wenn es gut für dich ist, dann bin ich froh.*

Am Tag vor der Diagnose hatte ich in São Paulo den gesamten Nachmittag Karten von Flüssen im Amazonas und Karten der Fernstraßen im Norden des Landes studiert. Ich las über Hochwasser – und Dürreperioden, die besten Zeiten für den Besuch der Flussstrände, das Segeln auf Nebenflüssen oder Abstecher in die umliegenden Wälder. Ich begann mit der Planung einer Reise entlang der gesamten Transamazônica (würde ich das hinbekommen, wo ich doch nicht Auto fahren kann?). Ich bestellte drei Karten der Region, und zwar diese großen zum Auseinander- und wieder Zusammenfalten, zusätzlich zu detaillierten Reiseführern und geographischen Karten der durch den Wald führenden Schnellstraßen, diese Asphaltungetüme, an deren Bau in dieser jahrzehntelang von ihm durchquerten Region mein Vater beteiligt war.

In derselben Nacht kam es in meiner Wohnung zu einem Rohrbruch. Das gesamte Bad stand unter Wasser, Teile der Küche, die Wäschekammer, der Eingangsbereich, und schon bald lief das Wasser auch aus der Wohnung heraus. Das bemerkte der Hausmeister des Gebäudes und rief mich aufgebracht an. Ich war nicht zu Hause, schaffte es jedoch schnell zurück. Das Wohnzimmer war am stärksten betroffen und vollständig mit einer dicken Schicht Flüssigkeit überzogen, eine Hand tief Wasser auf dem Holzfußboden, wie ein sanft schwingender Spiegel, der Lampen, Sessel, Pflanzen und auch mich reflektierte. Die kleine Wohnung im Zentrum von São Paulo, so ganz anders als das Haus, in dem ich aufgewachsen bin, voller moderner Möbel, die es mir endlich ermöglichten, einen Ort zu schaffen, der das Zuhause eines Erwachsenen der Mittelschicht verkörperte, war vom Wasser verschluckt, das mir bis zu den Schienbeinen stand.

Ich spürte Aufregung und Angst. Das deplatzierte Wasser sah einfach zu schön aus, ein schlechtes Omen, als wäre es einem Kolonialroman von Marguerite Duras oder einem surrealistischen Gemälde entsprungen. Das Wasser lief mir in die Schuhe, durchtränkte meine Hosenbeine, die Kissen und Holzmöbel und drang in die zahlreichen kleinen Ritzen des Wohnzimmerparketts, das sich auf immer verzog. Im Schlafzimmer hatte sich meine Katze unter dem Bett versteckt, einem der wenigen vom Wasser verschonten Plätze.

Auch Krebs hat etwas Flutartiges: er besteht aus sich bewegender Materie, die sich unkontrolliert ausbreitet.

Am Tag darauf rief ich in Jaú an und fragte meine Mutter nach dem Befund der Darmbiopsie, den sie im Labor abgeholt hatten. Beim Ablesen der Diagnose verhaspelte sie sich. Sie buchstabiert das Wort lieber, und ich schrieb auf einen Zettel: A-d-e-n-o-k-a-r-z-i-n-o-m. Buchstabe für Buchstabe entstand das Wort, jeder Buchstabe eine Zelle, die sich mit einer anderen zu einem neuen Signifikanten verband, einer nicht zuordenbaren Masse Wort. Eine erste Googlesuche ergab, dass »Adenokarzinom« einen Tumor bezeichnet, der aus Drüsenepithelgewebe hervorgeht, im Falle meines Vaters dem des Enddarms. Es war das erste von vielen Wörtern, die in den kommenden Monaten Eingang in unser immer umfangreicher werdendes Familienlexikon fanden. Die Krankheit ist nicht nur ein biologisches Phänomen, sondern auch ein neues Reich der Wörter, ein Wust an Vokabeln und Ausdrücken, die unsere Alltagssprache bevölkern. Wir alle haben das in den vergangenen Jahren erlebt, als uns das Coronavirus dazu zwang, in ein Meer voller Terminologien wie »gleitender Mittelwert«, »Spike-Protein«, »Herdenimmunität«, »diagnostische Lücke« und anderer mehr einzutauchen. Im Fall meiner Familie waren wir zusätzlich von sich rasch vervielfältigenden Wörtern umgeben, die im Körper meines Vaters zirkulierten, sich mit ihm verbanden und ihm eine neue Form gaben.

Diesem Initialwort schlossen sich weitere an: »Stoma«, »Colostomie«, »Tumormarker«, »PET-CT«, »kolorektales Karzinom«. Und »bösartiges Neoplasma«, das grausamste Wort von allen, vielleicht weil es auf eine Art moralisches Drama verweist, oder vielleicht, weil es das aufrichtigste ist.

Bei meinen ersten Arztbesuchen erfahre ich schnell, dass sich das Tabu in Bezug auf das Wort »Krebs« nicht auf die Welt der Patienten und ihrer Angehörigen beschränkt. Ein aufmerksamer Beobachter müsste sich schon sehr anstrengen, um dem Wort in Berichten oder bei Untersuchungen, im Krankenhausalltag oder in Gesprächen mit Ärzten und Krankenschwestern zu begegnen. »Er hat diese schreckliche Krankheit« ist noch immer eine typische Formulierung, wenn wir uns auf dieses Übel beziehen, und schon mit wenigen angesammelten Lebensjahren versteht man, dass »diese schreckliche Krankheit« weder Grippe noch Cholera oder Lungenentzündung bedeutet. Das Beschweigen scheint die Krankheit noch lebendiger zu machen – durch das Unausgesprochene wissen wir alle, dass von Krebs die Rede ist.

Susan Sontag schrieb bekanntermaßen: »Jeder, der geboren wird, besitzt zwei Staatsbürgerschaften, eine im Reich der Gesunden und eine im Reich der Kranken. Und wenn wir alle es auch vorziehen, nur den guten Ruf zu benutzen, früher oder später ist doch jeder von uns gezwungen, wenigstens für eine Weile, sich als Bürger jenes anderen Ortes auszuweisen.« Die New Yorker Autorin erlebte diesen Zustand der zwei Zugehörigkeiten während ihrer Krebsbehandlungen und einer Reihe von Rezidiven in den letzten dreißig Jahren ihres Lebens.

Mein Vater reist nun mit diesem neuen Pass. Die Spuren, die er trägt, und die Rituale, denen er sich unterzieht – der dauerhafte Stomabeutel, das regelmäßige Entleeren der Blase mit einem Einmalkatheter – kennzeichnen seine Staatsbürgerschaft im Reich der Kranken.

In einem viel zitierten Dialog aus *Fiesta* von Ernest Hemingway erklärt ein Kriegsveteran und zahlungsunfähiger Ex-Millionär einem Freund, wie es zu seinem wirtschaftlichen Ruin gekommen ist:

»Wie bist du bankrottgegangen?

Auf zweierlei Weise. Erst schleichend und dann plötzlich.«

Nach den letzten zwei Jahren mit meinem Vater, habe ich gelernt, dass auch das Älterwerden diesen zweierlei Rhythmen gehorcht. Man altert schleichend: die Muskulatur baut ab, unbekannte Schmerzen treten auf, der Graue Star trübt allmählich die Sicht, das Gehör erfasst nicht mehr alle Frequenzen, vertraute Treppen verwandeln sich in olympische Hindernisse, Operationen, Krankenhausaufenthalte und Todesfälle im Bekanntenkreis beherrschen die Gespräche mit Gleichaltrigen.

Ebenso altert man plötzlich. Bei meinem Vater kam der

große Sprung mit der Diagnose Darmkrebs und der darauf-
folgenden Behandlung.

*Wenn man erst mal die vierzig erreicht hat, vergeht das Le-
ben rasend schnell, aber seit ich von der Krankheit weiß, vergeht es wie im Flug.*

»Schweres Herzleiden«, heißt es in den Krankenakten;
»Ihr Vater ist ein komplizierter Fall«, sagen die ihn behandelnden Ärzte; »bei Ihnen haben wir weniger Behandlungs-
spielraum«, sagt der Onkologe in jedem Arztgespräch zu
ihm.

Erinnerungen tauchen auf und gehen Verbindungen ein:
Ihm wird bewusst, dass sowohl sein Vater als auch zwei seiner Brüder an Darmkrebs gestorben sind. *Meine Großmutter
Maria hat es auch gehabt. An dem Tag, an dem Brasília eingeweiht wurde, hat sie sich den Tumor wegoperieren lassen. Danach hat sie noch eine Weile gelebt. Ich glaube, sie ist an was
anderem gestorben. Aber genau weiß ich es nicht.*

Sein schwaches Herz hinderte die Ärzte daran, gleich zu
Beginn der Behandlung eine Darmoperation durchzuführen
und den Tumor zu entfernen. So jedenfalls sagte es uns einer
der ersten Chirurgen, allerdings kamen uns die ärztlichen
Empfehlungen selten schlüssig vor. Die Zweifel wurden zu
einer Konstanten im Umgang mit der Erkrankung meines
Vaters. Nie waren wir überzeugt, dass ihm der Tumor tatsächlich nicht operativ entfernt werden konnte, und zugleich
jagte uns der Gedanke an eine Operation eine Wahnsinns-
angst ein.

Ich schreibe zwischen zwei Verheerungen. Eine von ihnen wütet im Körper meines Vaters. Die andere wütet kollektiv und landesweit. Sie umgibt uns, verschlingt uns, erstickt uns. In den letzten Jahren wurden wir durch das makabre politische Experiment des großen Bösen niedergestreckt, das zähnefletschend vor dem Berg der Toten steht, die wir nicht einmal mehr zählen können.

So wie man finanziell und physisch in den zwei Rhythmen »schleichend« und »plötzlich« in eine Krise geraten kann, können auch Länder auf diese Weisen verwüstet werden. Die gegenwärtige Krise unseres Landes ist ganz sicher eine Fortsetzung seiner langen Geschichte der Grausamkeiten. Unser plötzliches kollektives Übel jedoch nahm im Oktober 2018 seinen Lauf, als die Verkörperung unserer Barbarei in das höchste Amt unserer Republik gewählt wurde.

Einige Monate zuvor, an zehn aufeinanderfolgenden Tagen im Mai desselben Jahres, hatte das Land gebannt der bundesweiten, rätselhaften Arbeitsniederlegung der Lkw-Fahrer zugesehen. Diese Arbeiter der Straße suchten die Politik unseres Landes wie ein Schreckgespenst heim. Seitdem sind »Fernfahrer« zu einem schwer zu bestimmenden Thema geworden, das in den Köpfen der Brasilianer spukt, Politiker gelegentlich erschreckt und opportunistische Führer beflügelt, die die politische Macht dieser Arbeiter für eine Wiederholung von 2018 an sich reißen wollen.

Der schon mit Narben übersäte Körper meines Vaters bekam seit der Diagnose im Dezember 2020 noch weitere hinzu. Er betrat fremdes Territorium, und wir folgten ihm wie Reisende ohne Karte, die unterwegs nach dem Weg fragen und sich von ihrer Intuition und der Erinnerung an andere Reisen leiten lassen.

Im April 2021 wurde ihm am linken Unterbauch ein künstlicher Darmausgang gelegt. Das ist eine Veränderung, an die er sich gezwungenermaßen gewöhnen muss. Der dazugehörige Beutel muss mehrmals am Tag gereinigt und wöchentlich gewechselt werden. Diese Beutel werden ihn für den Rest seines Lebens begleiten und die Ausscheidungen durch einen Stoma auffangen, eine Art Anus ohne Schließmuskel, der durch die operative Umleitung des Darms an die Bauchoberfläche angelegt wird. Danach folgten die Bestrahlungen und eine beunruhigende Abfolge von Terminen, Untersuchungen und Krankenhausaufenthalten, denen jedes Mal unzählige Stunden in überfüllten Warteräumen vorausgingen.

Kurz nach der Kolostomieoperation konnte mein Vater durch eine enorme Vergrößerung seiner Prostata nicht mehr urinieren, weshalb ihm ein Blasenkatheder gelegt werden musste, der ihn drei Monate lang begleitete, bis ihm eine weitere Operation – ein »Aushobeln« der Prostata – diese grundlegende physiologische Fähigkeit teilweise zurückgab, zumindest für eine gewisse Zeit. Das Stoma funktioniert gut, und er gewöhnt sich an das unschöne Ritual der Pflege und Reinigung, doch rings um das Stoma vergrößert sich unaufhaltsam eine Ausstülpung seines Bauchfells. Die starke Wölbung stört, verformt seinen Körper und zwingt ihn dazu, ständig einen breiten und engen Gurt zu tragen.

Die Zeit vergeht im Rhythmus des ständigen Wartens auf die nächsten Untersuchungsergebnisse. Wir sind umgeben von der Angst vor möglichen künftigen Operationen, der Verschlimmerung seines Herzleidens und der Panik vor neuen Tumoren.

Im Februar 2022 fallen zum ersten Mal in einem Atemzug die Wörter »Knötchen« und »Lunge«, als mit der Pulmologie ein weiteres medizinisches Fachgebiet aufgerufen wird, um sich an der ausgiebigen Untersuchung seines Körpers zu beteiligen. So plötzlich wie sie auf den Plan getreten war, verließ sie ihn einen Monat und zahlreiche Untersuchungen später auch wieder, als die Ärzte zu dem Schluss kamen, dass es sich »wahrscheinlich« nicht um einen neuen Tumor handelte. Nein, wir mussten nicht über Metastasen sprechen, jedenfalls noch nicht.

Wie erzählt man die Lebensgeschichte eines einfachen Mannes? Herausgefordert werde ich vom Schweigen der Quellen, der Auslöschung der Zeugnisse derer, die die Welt erbauen, die ihre Geschichte mit Händen und Füßen schreiben, mit gesprochenen und gesungenen Worten, mit Schweiß und geschundener Haut. Ich versuche, das Territorium des Kommens und Gehens jener zu betreten, die für gewöhnlich keine Fotos geschossen, selten Tagebücher geführt, keine Interviews gegeben haben und auch nicht gefilmt wurden. Wie von Brecht angemahnt, suche ich nach den Bauleuten der Paläste und Mauern, nicht nach den Adligen und Generälen, die sie befehligen, sondern nach den Köchinnen, Fahrern, Gärtnern und Putzkräften, nicht nach den Würdenträgern in den Salons der Macht.

*Vergessene Helden. Nach fünfzig Jahren im Lkw und auf der Straße weiß ich das ganz sicher: Lkw-Fahrer sind vergessene Helden. Schlecht behandelt, nicht gewertschätzt. Nur dank euch bin ich nicht vergessen. Keiner weiß einen zu würdigen, keiner. Oder sieht das Leid von den Leuten, die morgens um zwei aufstehen, bis halb zwölf oder auch Mitternacht schuften, nichts zu essen haben und sich der Gefahr aussetzen, dass sie bei einem Unfall sterben oder überfallen werden, und die Härte ertragen, immer von der Familie getrennt zu sein.*

Ich höre ihn gern von dem Alltäglichen erzählen, seinen Eindrücken und unaufgeregten Erinnerungen, die den Rhythmus der Tage markieren: »Ich sammle den Alltag von Gefühlen, Gedanken, Worten. […] Mich interessiert die Geschichte der Seele«, sagte Swetlana Alexijewitsch. Regelmäßig ertappe ich mich bei dem Versuch, etwas über die Details seiner Lkw-Stopps in Erfahrung zu bringen: wo er aß oder sich duschte, von welchen Gerüchen er umgeben war, mit wem er sprach. Was er gesehen hat und mir vielleicht erzählt, was er mir niemals erzählen wird, was er nur andeutet und all das, was schon in seinem Gedächtnis verschüttet ist.

Gleich zu Beginn verzichte ich darauf, mich von meiner akademischen Ausbildung leiten zu lassen und eine Sozialgeschichte der brasilianischen Fernfahrer oder eine historische Soziologie einer Berufsgruppe zu schreiben, in der mein Vater nur ein »Fall« wäre.

Das vorliegende Buch ist auch keine Biographie. Trotz meiner Neugier geht es nicht darum, die »wahren Fakten« aufzudecken, die genauen Informationen über die Orte, die er bereist hat, die Menschen, denen er begegnet ist, wie viel er verdient und wem er was geschuldet hat. Von diesem Vater kann nicht auf diese Weise erzählt werden: Er existiert nicht. Vielleicht existierte der Mann José Bortoluci, Brasilianer, Jahrgang 1943, Sohn von Demétria und João, geboren im Ortsteil Campinho im ländlichen Teil der Kleinstadt Jaú, verheiratet mit Dirce, Vater von José Henrique und João Paulo, katholisch, Lkw-Fahrer, Palmeiras-Fan, leidenschaftlicher Koch, seit seinem 48. Lebensjahr mit einem schweren Herzleiden diagnostiziert, »arbeitsunfähig« in den Ruhestand versetzt, aktuell Krebspatient. Das wäre die Aufgabe eines Biographen, aber Biografen beschäftigen sich nicht mit dem Leben von Menschen wie ihm, einem Arbeiter und einfachen Mann, der wenig gelesen und geschrieben, kein Unternehmen geleitet, keine Armee angeführt, kein Land regiert und keine Territorien erobert hat.

Die Art, wie er seine Geschichte erzählt, scheint auch die Fixiertheit auf das Geradlinige und den Sinn eines Lebens offenzulegen, die in den meisten Biographien so auffällig ist. Manchmal ziehe ich mich auf diesen Gedanken von Roland Barthes zurück: »Gegen den vereinheitlichenden Autoritarismus der Biographie versuche ich, mich auf ein paar Details, einige Vorlieben und Neigungen, sagen wir auf Biographeme [zu reduzieren], deren Besonderheit und Mobilität außerhalb jeden Schicksals stünden, sollten diese Restpartikel als epikureische Atome auf andere Körper treffen.«

Diese epikureischen Atome bewegen sich in den Worten meines Vaters, die verschiedene Zeiten und Ereignisse miteinander verbinden. Sie können in Form einer Reise mit der Madeira-Mamoré-Eisenbahn auftauchen, der berüchtigten »Teufelseisenbahnstrecke«, die deshalb so bekannt ist, weil ihr Bau zu Beginn des 20. Jahrhunderts zahlreiche Todesopfer unter den Arbeitern forderte:

*Das muss ungefähr '67 gewesen sein, so lange her jedenfalls, dass ich durcheinanderkomme. Da ist eine Fahrt von São Paulo nach Rio Branco do Acre reingekommen. Es sollten Maschinen zu einer Fabrik gebracht werden, die sie dort hochzogen haben. Ich wusste aber, dass es zwischen Porto Velho und Rico Branco keine Straße gab. Man musste nach Porto Velho fahren, den Lkw auf einen Güterwaggon laden und fünfhundert Kilometer mit dem Zug zurücklegen. Das war das reinste Abenteuer mitten in der Wildnis. Es hat ungefähr sechs, sieben kleine Bahnhöfe gegeben, wo die Waren von Indianern, Minenarbeitern und Gummizapfern verladen worden sind. Da, wo die Züge gehalten haben, war also der Verladepunkt. Es gab da eine kleine Bar, in der man Cachaça bekam, und Tubaína, mehr nicht. Ich habe die Fahrt übernommen, den Lkw in Porto Velho auf den Zug geladen, was drei Tage gedauert hat, bis es dann auf die Reise gegangen ist. Dann sind wir fünf Tage unterwegs gewesen und haben vierhundert Kilometer auf dieser Eisenbahn zurückgelegt. Die Eisenbahn bestand aus fünf klei-*

*nen Waggons und einer holzbetriebenen Lok. An jedem Bahn-*
*hof mussten sie die Lokomotive mit Brennholz für die Weiter-*
*fahrt beladen.*

Wenige Jahre danach, 1972, wurde die 366 Kilometer lange Eisenbahnstrecke stillgelegt. Das Bild einer alten, holzbetriebenen Eisenbahn, die sich langsam durch den Urwald schlängelt, ruft mir den Wahn der kolonialen Eroberung des Amazonas in Erinnerung, die Hundert von Arbeitern, die beim Bau dieser Eisenbahnstrecke zu Beginn des 20. Jahrhunderts starben, und das anmaßende Experiment der Eroberung des Waldes.

Die alte Eisenbahnstrecke ist ein Skelett unseres unermüdlichen Strebens nach nationaler Größe. Der Bau dieser »Teufelseisenbahnstrecke« ist ein Vorbote des Baus von Brasília, der Transamazônica, des Belo-Monte-Wasserkraftwerks, der für die Weltmeisterschaft 2014 errichteten Stadien und vieler anderer Bauwerke, die als Postkarten unserer Verhöhnung der Moderne dienten. *Fünf kleine Waggons und eine holzbetriebene Lok*, die quer durch den Bundesstaat Rondônia führten, eine der arroganten und misslungenen Gesten »territorialer Besetzung« die der brasilianische Kapitalismus der Verwüstung noch immer als Fortschritt bezeichnet.

Was mache ich mit den Worten meines Vaters? Wie höre ich sie an? Wie übertrage ich sie? Wie ordne ich sie neu an, ohne dass sie ihre Konsistenz und ihre Farben verlieren?

Ich gebe es auf, die Suche zu benennen, die Vergangenheit und Gegenwart verbindet, die Geschichte des Landes und die Lebensgeschichte eines Arbeiters, Fakten und Fälschungen, Verdrängtes und Verdichtetes, Mündlichkeit und Schriftlichkeit, verschiedene Register der Sprache, die durch den Akt der Transkription komplizierter werden – der an sich schon einen alles andere als unschuldigen Übersetzungsprozess darstellt.

Bei dem Versuch, wichtige Teile der Geschichte meines Vaters zu rekonstruieren, werden die Fakten seines Lebens auf einer Straße zusammengetragen, die sich zwischen ihm und mir öffnet. Und ich kann diese Geschichte nur als Sohn erzählen.

Fragen der Methode und des Stils, die zu Beginn dieses Projekts viel Zeit in Anspruch nahmen, sind seit der Diagnose im Dezember 2020 zu theoretischen Nebenschauplätzen geworden. Der Krebs überfiel uns wie ein dringender Appell. Es zwang uns andere Fäden auf, die uns als Familie verbanden, und knüpfte die Knoten zwischen der weit zurückliegenden Vergangenheit und der Gegenwart, die in Flammen zu stehen schien, enger.

Diese neue Zeit war die Zeit des Beistands bei Einweisungen und Untersuchungen, der zähen Stunden in Warteräumen und Krankenhausnächten, dem fast wöchentlichen Pendeln zwischen Jaú und São Paulo, der Hilfestellungen beim Duschen und Abtrocknen, des Kampfes gegen die medizinische Bürokratie und der Entscheidungen zwischen radikal unterschiedlichen Behandlungsmethoden. Der neue Rhythmus beim Wechseln der Sonden, Beutel und Windeln.

Und in jener in Flammen stehenden Gegenwart hörte ich den Geschichten meines Vaters am aufmerksamsten zu.

Wir führten sechs lange Interviews, aufgezeichnet im Januar und Februar 2021. Außerdem hielt ich Gespräche mit ihm in meinem realen oder digitalen Notizbuch fest. Ich sammelte Kommentare, aufgeschnappte Sätze, die ich improvisiert irgendwo hingekritzelt hatte, am Telefon, bei Besuchen in Jaú oder während der Hunderten von Stunden, die wir in den vergangenen zwei Jahren zusammen im Krankenhaus oder bei Untersuchungen verbrachten.

In diesen Gesprächen leben Vergangenheit, Gegenwart und Zukunft in einem Zustand der Promiskuität. Die erzählende Person bewohnt zugleich die Gegenwart des Erzählens und die Zeit des Geschehenen und spürt, wie der Rhythmus zwischen den beiden zerfranst. Ich, der ich frage und zuhöre, durchlebe ebenfalls das Jetzt des Erzählens, die Erinnerungen an meine Vergangenheit, in der ich bereits Teile der Geschichten gehört habe, sowie die verschiedenen zukünftigen Zeiten des Anhörens der Aufnahmen, des Lesens der Transkriptionen und der Notizen.

In den Interviews versuche ich, den Fakten zu folgen, das gewählte Vokabular abzuklopfen und eine Archäologie seines Schweigens zu betreiben.

Zu Beginn ist er überzeugt, dass er nicht viel zu sagen hat, und versucht zu verstehen, warum ich seine Geschichten aufnehmen will. *Ich glaube, du willst die Aufnahmen einfach für später haben, damit du dich an meine Worte erinnerst. Ich*

*hoffe, dass du Spaß hast an unserer gemeinsamen Zeit, dass*
*alles klappt und du glücklich damit wirst.*

Manchmal entdecken wir Sachen, die wir schon lange direkt
vor der Nase hatten, aber nie eingehender betrachtet haben,
zum Beispiel, wenn wir uns unsere Hände anschauen und
von Linien überrascht sind, die wir schon hundert Mal gesehen haben. Oder wenn wir von unserem Spiegelbild heimgesucht werden, von dem wir nicht wussten, dass es da ist, und
plötzlich in unserem Spiegelbild das Lächeln unseres Vaters,
den Blick unserer Großmutter, den Gesichtsausdruck eines
Bruders, die Haare eines Onkels, den wir nur einmal im Jahr
sehen, oder die Körperhaltung eines Urgroßvaters, den wir
nur von Fotos kennen, wiederentdecken.

Jahr für Jahr werden wir von Verwandten und Bekannten
begutachtet, die mit dem Scharfsinn von Ahnenforschern
vorgehen und uns in eine jahrhundertealte anatomische, ge-
stische, affektive und lexikalische Ahnenreihe einsortieren.
Unsere Körper und unsere Stimmen künden immerzu von
unserem Zuhause und den Formen, zu ihm zurückzukehren – oder ihm irgendwie zu entkommen.

Nur wenige Themen sind in der Geschichte der Literatur
so oft behandelt worden wie die Beziehung zwischen Eltern
und Kindern. Es ist einer der zentralen Stoffe der Meister-
werke der westlichen Welt, und vielleicht auch aller anderen Kulturen. Niemand von uns entkommt diesem zutiefst
menschlichen Zustand der Zugehörigkeit, auch wenn er eine

ungeheure Vielzahl an Formen annimmt. Wir werden allein geboren und sterben allein, das ist wahr, aber wir kommen auf die Welt und sind umgeben von Zuwendungen, Gesten, Worten und Berührungen, die uns für den Rest unseres Lebens prägen. Die Bezugspersonen sind die Verbindung zu unseren Zeitgenossen und Vorfahren. Unsere persönliche Geschichte ist mit dem Strom der Generationen verbunden, und diejenigen, die die väterliche und mütterliche Rolle ausüben, sind das Boot, mit dem wir den reißenden Fluss der Geschichte befahren.

Die Herkunft ist auch die Begegnung mit einer zweiten entscheidenden Tatsache: Wir sind sprechende Wesen. Wir erben die Schätze und Schrecken der Worte unserer Väter und Mütter, der Worte älterer Verwandter und jener, die sie umgeben. Unsere Sprache ist immer von Echos und anderen durchdrungen. Zu sprechen, bedeutet, die Toten auf dem Fest der Lebenden tanzen zu lassen und die Tragödien früherer Generationen und unserer Geschichte der Begegnungen und Verluste erneut zu durchleben.

Am Anfang sprechen unsere Eltern nicht nur mit uns, sondern auch für uns. Sie erfinden eine Sprache, um das Gebrabbel des Babys in Wort zu fassen. Dann werden wir immer mehr mit unseren eigenen Worten geboren, die wir von ihnen, ohne sie, oder in Abgrenzung zu ihnen erlernen. Diese zweite Geburt dauert für immer an.

Im Laufe des Lebens tragen wir unseren eigenen Wortschatz zusammen, entwickeln einen Sprachrhythmus und erfinden Ausdrücke neu, die wir in einer weit zurückliegenden

Zeit einmal gehört haben. Wir benutzen angestaubte Wörter für »lieben« oder »hassen«, oder um auszudrücken, dass wir satt sind oder Hunger haben, so wie wir es als Kinder beim Abendessen getan haben. Bis heute bitte ich darum, dass die Lautstärke des Fernsehers »heruntergedreht« wird, so wie es meine Mutter tut, rufe wie meine Oma Isaura alle Heiligen und die Jungfrau Maria an, wenn mich etwas erschreckt, stoße die Flüche aus, die mein Vater immer benutzt hat (Scheißdreck! Verdammich!) und lache mich mit meinem Bruder kaputt, wenn einer von uns ein Wort wiederbelebt, das wir als Kinder erfunden haben.

Erwachsen zu werden, bedeutet, sich dieser Familiensprache anzunähern und von ihr Abstand zu nehmen, der lebendigen Sprache der Kindheit. Das ist keine leichte Aufgabe. Wir leisten die zeitraubende Arbeit, Wörter auszuwählen, von anderen ausgewählt zu werden, uns von vielen zu befreien, gegen Begriffe und Gebräuche zu rebellieren, ein persönliches Archiv anzulegen und entwickeln mit der Zeit etwas Eigenes, wankelmütig und uneins, wie ein ständig schief singender Chor, in dem tiefe und hohe Stimmen, neue und alte Wörter immer wieder zu einer merkwürdigen Dissonanz führen.

Unsere eigene Sprache können wir erst dann sprechen, wenn wir mit der Sprache unserer Eltern Frieden geschlossen haben.

# JETZT KENNST DU DEINE GESCHICHTE

*Kurz, bei allen anderen bestand die Familie aus Protagonisten der Geschichte, bei mir nur aus ihren Untermietern.*

Maria Stepanova

*Nach dem Gedächtnis*

Die Geschichte meiner Familie ist nur ein kleines Teil vom Puzzle der transatlantischen Arbeiterklasse – aber in unserem Fall einer weißen Arbeiterklasse. Meine Großeltern und meine Eltern gehören zu den Arbeitern, die immer wenig erhielten und mit wenig Schutz vom Staat rechneten, aber fortwährend von dem profitierten, was W. E. B. Du Bois als »öffentlichen und psychologischen Lohn« der Weißen bezeichnete – eine lebenslange Zuwendung, die wir einzig und allein deshalb erhalten, weil wir nicht die Nachkommen von Indigenen oder versklavten Afrikanern sind.

Das Weißsein der armen europäischen Einwanderer wurde von den brasilianischen Eliten für ihr Vorhaben genutzt, die Arbeitskraft versklavter Menschen im Land zu ersetzen, eine Politik der Weißmacherei zu fördern und eine grausame Hierarchie der Herkunft aufrecht zu erhalten. Und natürlich genossen diese Einwanderer auch die Vorzüge, die damit einhergingen, dass sie die dominante Seite dieses grausamen Arrangements besetzten. Diese Art und Weise, »Teil« der Nation zu werden, bildete den zentralen Anker im Privatleben dieser Einwanderer und ihrer Arbeitsgeschichte im neuen Land: ausländische Männer und Frauen, arm und bei der Ankunft Analphabeten, jedoch aufgrund ihrer Herkunft mit öffentlichem Nutzen ausgestattet, und einer Fülle generationsübergreifender rassistischer Maßnahmen gegenüberstehend, die ihnen die Vorteile verschafften, die sie und ihre Nachkommen über die Zeit anhäufen konnten.

Mein Großvater väterlicherseits, Joanim (niemand nannte ihn João), war der älteste Sohn von Italienern. Demétria, meine Großmutter väterlicherseits, die Tochter von Spaniern. Mit Ausnahme der Eltern dieser Großmutter waren alle meiner Urgroßeltern Italiener, was in der Region Jaú ganz normal ist, die gegen Ende des 19. Jahrhunderts und zu Beginn des 20. Jahrhundert eine große Zahl europäischer Bauern anzog, von denen die Mehrheit auf Kaffeeplantagen arbeitete.

Die Eltern meines Großvaters Joanim waren Landarbeiter in einem Dorf in der Nähe von Genua. Ein älterer Cousin fand Jahrzehnte später heraus, dass Giuseppe und Maria ungefähr um 1910 den Nordosten Italiens in Richtung Südamerika verlassen hatten. Die Geschichte unseres Familiennamens ist etwas nebulös. Ich erinnere mich an die nie bewiesene Theorie, dass mein italienischer Urgroßvater

Giuseppe wohl Bortoluzzo hieß, doch mit dem Wechsel des Kontinents, der Sprache und der Dokumente aus Bortoluzzo Bortoluzzi und dann Bortolucci mit zwei »c« wurde. Bortoluci mit einem »c« sind nur mein Vater, mein Bruder João Paulo und ich – durch einen Fehler des Standesamtes wurde das zweite »c« getilgt und dieser kleine Zweig der Bortoluci begründet.

Diese »neue Welt« – katholisch, ländlich, patriarchal und von Rassismus und Ungleichheit durchsetzt – ähnelte und unterschied sich zugleich von jener, aus der sie kamen: arme Regionen des ländlichen Italiens im späten 19. und frühen 20. Jahrhundert, die Peripherie der Peripherie Europas. Diese neu eingetroffenen Einwanderer konnten sich von dem Traum leiten lassen, ein neues Leben zu beginnen, ein wenig Geld zu sparen, ein kleines Gewerbe zu eröffnen oder vielleicht sogar mit Geschwistern und Cousins einen kleinen Hof zu kaufen – wie im Fall meines Großvaters Joanim. Dadurch war es ihnen möglich, eine Familiengeschichte anzustreben, die nicht so stark von Entbehrungen, Analphabetismus und dem frühzeitigen Tod ihrer Kinder geprägt sein würde.

Diese Auseinandersetzungen und Einigungen zwischen jüngst eingewanderten Europäern in einem Land, das die Sklaverei erst wenige Jahrzehnte zuvor abgeschafft hatte, folgten einer schwer zu vermittelnden Ethik: Die Heirat mit einer ärmeren Person ohne Besitz und mit anderer europäischer Herkunft war verwerflich; die Heirat mit einer schwarzen Person war undenkbar.

Demétria und Joanim heirateten im Januar 1940. Meine Tanten erzählen mir mit leiser, gepresster Stimme, dass die Tatsache, dass die Familie meines Großvaters einen kleinen Hof besaß, Grund genug war, der Ehe misstrauisch gegenüberzustehen. Großmutter Demétria war nicht nur Spanierin, sondern »Siedlerin«. Maria, meiner italienischen Urgroßmutter, gefiel die Verbindung zwischen ihrem Sohn und jener jungen Wäscherin nicht. Zusätzlich zur Herkunft des Mädchens wog schwer, dass Joanim der älteste Sohn und bereits ein vaterloser Halbwaise war, was der Rolle, die seiner künftigen Ehefrau zukam, noch mehr Bedeutung beimaß, einer Art zweiten Matriarchin unmittelbar neben Donna Maria.

Gerüchten nach sollen ältere Tanten auf dieser Seite der Familie Versprechen gegeben und die Ehe mit Flüchen belegt haben. Einige der Schwestern meines Vaters beargwöhnen diese Verwünschungen bis heute und fragen sich, ob sie den Grund dafür liefern, dass alle Töchter von Großmutter Demétria so jung Witwen geworden sind und Großvater Joanim das wenige Geld in seinem Beistz verlor.

Meine Großeltern väterlicherseits hatten neun Kinder. Sie wurden alle auf dem kleinen Hof der Familie meines Großvaters geboren. Meine Großmutter Demétria brachte in zehn Jahren neun Kinder zur Welt. Zehn Jahre schwanger sein, stillen, hart arbeiten, die Kinder in die Schule kommen und wieder von ihr abgehen und dann auf dem Feld arbeiten sehen. Das eine von ihnen sah sie sterben, als andere noch nicht einmal geboren waren. Mein Vater ist das fünfte Kind, der zweite Sohn, aber der älteste Junge, der das siebente Lebensjahr erreichte – das Alter, in dem er und seine Geschwister begannen, auf dem Feld zu arbeiten und ihren Eltern und Onkeln zu helfen. Das Arbeitsleben setzte vor dem Schulleben ein und ging gemessen an den Stunden pro Tag, aber auch hinsichtlich der Rolle, die es in Bezug auf die Ausbildung jedes Kindes einnahm, weit darüber hinaus.

Mein Vater besuchte die Dorfschule des Bezirks Barra Mansa in Jaú bis zur vierten Klasse. *Wir haben viel gespielt in den Pausen. Wir mochten vor allem die kleinen Zwischenmahlzeiten, die wir zu essen mitbrachten. Alle Kinder sind zusammengekommen und haben sich auf den Boden gesetzt und ihr Essen geteilt. Wir haben alle zusammen gegessen, jeder von jedem.* Vom Unterricht weiß er kaum noch etwas. Die fünfte Klasse fing er noch an, aber dafür musste er jeden Tag den Zug in die Stadt nehmen, etliche Kilometer bis zur Schule zu Fuß gehen und danach zum Hof der Familie zurück, wo er erst nach drei Uhr eintraf, was für die Feldarbeit viel zu spät war. Mein Vater verließ die Stadtschule nach wenigen Monaten und arbeitet ganztags auf dem Feld. Da war er zehn Jahre alt.

Aber schon diese kurze Zeit der Schulbildung verschaffte meinem Vater und seinen Brüdern einen gewissen Bildungsvorsprung im Vergleich zu früheren Generationen meiner Familie. Von meinen Großeltern hatte niemand die Schule besucht. Sie alle hatten als Kinder zu Hause lesen und schreiben gelernt – mit Ausnahme von Aristides, meinem Großvaters mütterlicherseits, der erst im Alter von vierzig Jahren durch Mobral alphabetisiert wurde, das von der Militärdiktatur als Gegenentwurf zu dem Projekt von Paulo Freire eingeführte Alphabetisierungsprogramm für Erwachsene. Als ich meinen Vater frage, ob meine Großeltern lesen und schreiben konnten, sagt er, dass sie es allein gelernt hätten, mit der Unterstützung von älteren Tanten und Onkeln, die die Grundlagen von Buchstaben und Wörter kannten.

Isaura, meine Großmutter mütterlicherseits, hatte ein ausgezeichnetes Gedächtnis, und genau wie mein Vater erzählte sie gerne Geschichten. Kurz nach meiner Einschulung, als mir gerade klar wurde, dass ich diese Welt der Bücher und des Lernens mochte, erzählte mir Großmutter Isaura, dass sie im Haus der Fazenda lesen und schreiben gelernt habe, auf der sie geboren wurde, indem sie das alte Wörterbuch ihres Vaters durchgegangen sei, nachdem ihr älterer Bruder ihr das ABC beigebracht hatte. Sie sagte, dass sie viele Jahre davon geträumt habe, ein Klassenzimmer zu betreten und sich in eine Schulbank zu setzen. Diesen Traum erfüllte sich Großmutter Isaura, als meine Mutter – ihre älteste Tochter – mit sieben Jahren in die Schule kam.

Mein Vater erzählt seine Geschichte als ein Leben im Zeichen der Arbeit. In dem sozialen Umfeld, in dem er aufgewachsen ist und gearbeitet hat, ist die größte Sünde die Faulheit, und die moralische Grammatik stellt »Arbeitern« gern »Taugenichtse« gegenüber. Es ist wichtiger als alles andere, dass man »kein Taugenichts ist« und auch nicht den Anschein erweckt, einer zu sein. Arbeit verleiht der Zeit eine Struktur, kennzeichnet die verschiedenen Abschnitte und definiert deinen Platz in der Welt.

Ein Mann zu werden, bedeutet, der Welt der Schule den Rücken zu kehren und die körperliche Arbeit zum Schicksal des heranwachsenden Körpers zu machen. Dadurch konnte man in die Fußstapfen seines Vaters treten.

*Mit sieben hab ich angefangen, Traktor zu fahren und den Boden zu pflügen. Großvater Joanim und seine Brüder haben damals einen kleinen Hof gehabt, und sie hatten einen kleinen Traktor. Und du weißt ja, wie Kinder sind … Ich habe ihn damit fahren sehen und bin dann auf den Traktor gestiegen. Diese kleinen Traktoren von früher sahen genauso aus wie diese Spielzeugdinger heute, wirklich klein, aber ich war noch kleiner. Ich konnte mich also nicht auf den Sitz setzen, sondern musste im Stehen fahren. Und ich habe den ganzen Nachmittag den Boden gepflügt. Ich bin aus der Schule gekommen, aufs Feld gegangen und bin da bis abends um fünf oder sechs geblieben. Das war mein Alltag, bis ich zehn war. Dann bin ich von der Schule runter und haben den ganzen Tag gearbeitet. Als ich fünfzehn war, sind meine Eltern in die Stadt gezogen, und ich habe in einer Autowerkstatt angefangen. Sieben Jahre habe ich dort gearbeitet. Im Grunde kann man also sagen: von sieben bis vierzehn war ich Traktorfahrer, von vierzehn bis ein bisschen über zwanzig war ich Mechaniker, und schon mit zweiundzwanzig habe ich den Mechanikerberuf an den Nagel gehängt und bin auf die Piste.*

Zwei Brüder meines Großvaters wohnten mit ihren Familien ebenfalls auf dem Hof. Sechzehn Kinder, die zusammen aufwuchsen, zwischen Schule und Hof, Spiel und Arbeit lebten.

*Wir mussten abends die Kühe reinholen, damit sie morgens gemolken werden konnten, den Mais schälen und an die Schweine verfüttern, die Hühner versorgen … und die älteren Mädchen mussten sich noch um die Kleinen kümmern. Gespielt haben wir Lkw fahren, Milch holen, Obst pflücken, das waren unsere Spiele.*

Die Spiele waren eine Art Vorbereitung auf das Arbeitsleben. Meine Tanten spielten kochen und nähen. Meine Mutter, die fast ihr gesamtes Leben als Schneiderin arbeitete, lernte ihr Handwerk als Mädchen beim Nähen von Kleidern für Pelada, ihre Henne, die ohne Federn geboren war.

Von den sieben Geschwistern meines Vaters, die die Adoleszenz erreichten, setzten nach der vierten Klasse nur zwei ihre schulische Ausbildung fort. Einer von ihnen, Paulo, machte eine Ausbildung zum Dreher und zog schon in jungen Jahren nach São Bernardo, wo er sein ganzes Leben in Metallwarenfabriken arbeitete, bis er mit sechzig, nur wenige Monate vor seiner Pensionierung, an einem Herzinfarkt starb. Der Jüngste studierte mit der Unterstützung seiner Geschwister Medizin. *Aus Toninho, dem Jüngsten, haben wir einen Arzt gemacht; aber auch mit seiner Karriere war es auf einen Schlag vorbei, als er gestorben ist, da muss er so sechzig gewesen sein.*

(Die Wendung »etwas aus jemandem machen« hat schon immer meine Aufmerksamkeit geweckt: »etwas aus jemandem machen« als gemeinsame Aufgabe, »etwas aus jemandem machen« können, und vor allem, gemeinsam etwas aus einem jüngeren Bruder zu machen, wie es in einigen Arbeiterfamilien dieser Generation typisch war.)

Die Schwestern: drei Schneiderinnen und eine jüngere Tante, die im Laufe ihres Lebens in unterschiedlichen Positionen in verschiedenen Läden und Schulen gearbeitet hat – und mit 73 Jahren immer noch arbeitet. Und Onkel Nelson, ein Jahr jünger als mein Vater, ebenfalls Lkw-Fahrer, im Alter von 58 Jahren an den Folgen eines Schlaganfalls verstorben. *Er ist an demselben Tag gestorben, als das Finale der Fußballweltmeisterschaft 2002 stattgefunden hat und Brasilien fünffacher Weltmeister geworden ist. Ich habe das Finale komplett verpasst.*

Sein Bruder Roberto, ein Jahr älter als mein Vater, starb mit fünf Jahren, so wie arme Kinder in ländlichen Gegenden sterben: plötzlich einsetzende Bauchschmerzen, prekäre medizinische Versorgung, Tod im Kindesalter.

*Woran er gestorben ist? Oh, das weiß ich nicht, er ist gestorben. Er hat es noch bis zum Arzt in die Stadt geschafft, und kurz danach ist er gestorben … wenn du mich fragst, war das ein Blinddarmdurchbruch. Er hat solche Schmerzen gehabt, auf dem Hof haben sie ihm immer wieder Tee gegeben und gebetet, und als sie gesehen haben, dass es ihm schlechter geht und dass das Fieber schlimmer wird, haben sie ihn nach Jaú gebracht. Wahrscheinlich ist er schon tot dort angekommen.*

Als ältester Sohn, der die Adoleszenz erreichte, nahm mein Vater die Rolle des Gehilfen meines Großvaters ein.

Er erzählt, dass sein Vater sehr früh zum *Mann* werden und der Mutter mit den Geschwistern helfen musste. *Groß-vater Joanim ist das Oberhaupt der Familien seiner Geschwister gewesen, er war der Chef.* Schon früh übernahm er immer mehr Verantwortung auf dem Hof, den sie bewohnten, denn sein Vater war gestorben, als er noch ein Junge war. Genau wie mein Vater hatte auch mein Großvater sieben Geschwister. Und genau wie er war er dafür bekannt, dass er alles Mögliche bauen und reparieren konnte.

Und er ging gern jagen. Mein Vater liebte es, meinen Großvater Joanim zu begleiten, ihm dicht auf den Fersen zu bleiben und die erlegten Wachteln und Rebhühner einzusammeln. Als sein geliebter Jagdhund krank wurde, fiel es meinem Vater zu, den Hund zu erlösen. Molerão war einer der geschicktesten Hunde überhaupt. Ihn zu töten, wäre für meinen Großvater zu schmerzhaft gewesen.

*Ich hatte keine andere Wahl. Der Hund hatte einen riesigen Tumor im Kopf und hat sich gequält. Großvater hat zu mir gesagt: »Erlöse ihn. Schnapp dir die Flinte und geh rauf auf den Hügel. Dort schießt du ihm in den Kopf und kommst zurück.« Ich bin mit dem Hund losgezogen und zur abgelegensten Stelle auf dem Hügel gegangen. Er war zwar so krank, aber du hättest mal sehen müssen, wie er sich gefreut hat: Er hat mich mit dem Gewehr gesehen und gedacht, wir gehen auf die Jagd. Er ist vor und zurück gerannt und hat an mir rumgeschnüffelt. Aber irgendwann war es soweit, da musste ich auf ihn schießen.*

Mein Vater war damals zwölf Jahre alt, und ich dürfte im selben Alter gewesen sein, als ich diese Geschichte zum ersten Mal hörte. Mit zwölf war er schon von der Schule abgegangen und hatte diese Art von Aufgaben übernommen. Ich denke an meinen Vater, der sich als Kind für seinen Vater opferte, um ihm Schmerz zu ersparen. Ein weiterer Junge in der Linie von Söhnen, denen, wenn sie von ihrem Vater gerufen werden – oder durch die Abwesenheit eines Vaters gezwungen sind, frühzeitig erwachsen zu werden –, keine andere Wahl bleibt als zu schreien: »Ich bin hier.« Ein Mann zu werden, bedeutete, dass man lernte, so zu arbeiten wie der Vater, die Familie zu versorgen, aber auch, Gewalt anzuwenden, wenn nötig, bereit zu sein, das Gewehr des Vaters in die Hand zu nehmen und einen blutigen Akt der Barmherzigkeit zu vollziehen.

*Als ich losgezogen bin, um Molerão zu töten, habe ich mir das großkalibrige Gewehr von Großvater Joanim geschnappt. Er hat zu mir gesagt: »Bleib dicht an ihm dran und ziel auf den Kopf, damit du nicht daneben schießt.« Der Schuss aus dem Gewehr hatte solche Wucht, da gab es gar kein Danebenschießen.* Ich höre ihn und denke das Gegenteil, dass es viele Möglichkeiten gegeben hätte, daneben zu schießen, aber ich sage nichts.

Mein Großvater nahm meinen Vater mit nach Paraná, als er sein gesamtes Geld, die Ersparnisse jahrzehntelanger Arbeit, in eine kleine Kaffeeplantage investierte. Mein Vater erzählt, dass die Brüder meines Großvaters den Hof in Jaú aufteilten und Großvater Joanim von dem Geld aus seinem Teil ein Stück Land im Norden von Paraná kaufte. Sie nahmen den alten Chevrolet meines Großvaters, und die Fahrt entlang der Pisten dauerte einen Tag.

*Wenn man nach Paraná gekommen ist, hat man nichts als Kaffee gesehen. Es gab Kaffeebäume, die aussahen wie Mangobäume, es war unglaublich. Die Plantage war fast fertig, und die erste Ernte stand kurz bevor. Der Boden war beängstigend fruchtbar, und der Kaffee, der dort wuchs, war fast schwarz. Nur dass es oft Frost gab.*

Mein Vater, damals vierzehn oder fünfzehn, half meinem Großvater dabei, einen Zaun hochzuziehen, eine Scheune zu bauen und den Boden des Hofes vorzubereiten, auf den die Familie umziehen wollte. Sie blieben einen Monat, anderthalb Monate, und arbeiteten zusammen.

*Und darum ist Großvater mit leeren Händen gestorben. Er hat den Hof mit dem Geld aus dem verkauften Anteil des alten gekauft. Mit diesem Geld hat er das Stück Land in Paraná und noch ein weiteres zweites, das mit dem Ertrag aus der bevorstehenden Kaffeeernte ausbezahlt werden sollte. Aber dann gab es Frost, und er hat alles verloren. Alles. Er musste zur Bank gehen und sich den ganzen Hof neu finanzieren lassen. Als der Kaffee das zweite Mal reif war, gab es wieder Frost. Verbrannte Bäume bis zum Stamm, beim zweiten Mal sogar bis zum Boden. Ein richtig sengender Frost, wirklich schlimm. Meinem Vater ist also nichts anderes übrig geblieben, als das Land zu verkaufen, um die Bank zu bezahlen, und wir sind mit nichts zurückgegangen.*

Als ich diese Geschichte mit ungefähr zwanzig zum ersten Mal von ihm hörte, beendete er seine Erzählung mit dem Satz: *Jetzt kennst du deine Geschichte.* Meine Geschichte zu kennen, bedeutete zu entdecken, dass das Schicksal der Klasse, die das soziale Umfeld bestimmt, in das ich hineingeboren worden und in dem ich aufgewachsen bin, fortbesteht. Die zur Ernte reifen Kaffeebäume auf dem kleinen Stück Land in Paraná waren der Wetteinsatz meines Großvaters und meines damals jugendlichen Vaters, eine Chance auf ein wohlhabenderes und sichereres Leben, auf eine Existenz, die weniger von dem Gespenst offener Rechnungen, von Schuldeneintreibern und einer anstrengenden und aufreibenden Arbeit im Tausch gegen lächerliche Löhne geprägt war. Der Traum von einem besseren Leben – nur dass es oft Frost gegeben hatte.

An dem Tag, an dem im Jahr 2008 seine Mutter starb und nur wir beide einen Moment zu zweit an ihrem Leichnam standen, hörte ich, wie meine Vater leise stöhnend sagte: *Sie geht, ohne was zu hinterlassen.* Ich schätze, dass er dort nicht als ein Sohn sprach, der darüber klagte, nicht irgendeine Form von materiellem Erbe zu erhalten, sondern als ein Vater, der befürchtete, dass auch er »nichts hinterlassen« würde und in einem Land, in dem Ungleichheit eines der charakteristischsten Merkmale ist, unser grausames, kollektives Amalgam, eines Tages nur als ein weiteres Rädchen im Reproduktionskreislauf der Arbeiterklasse enden würde. In diesem Moment sprach er nicht bloß zu seiner toten Mutter, sondern auch zu dem zukünftigen Ich meines Bruders und mir am Leichnam unseres Vaters, der wahrscheinlich eines Tages von uns bewacht werden würde. Diese zwei Äußerungen – jetzt kennst du deine Geschichte; gehen, ohne was zu hinterlassen – waren seine Art, von dem Scheitern eines Projekts des sozialen Aufstiegs zu erzählen, das zwei Kontinente und vier Generationen seiner Familie verband.

Im Januar 2015, am Vorabend einer weiteren riskanten Herzoperation, rechnete er laut vor, wie viel ihm sein Chef schuldete: zwei oder drei angesammelte Feiertagszuschläge, einen noch nicht ausgezahlten Monatslohn, die Rückerstattung verschiedener Auslagen. Es war wenig, aber besser als nichts. Wir waren nur zu zweit in diesem stickigen Krankenhauszimmer. Dort nahm er eine mündliche Bestandsaufnahme seines Vermögens vor, eine Geste, die seine Arbeitsgeschichte in einer knappen Chiffre zusammenfasste und die er an mich adressierte wie ein kurzes improvisiertes Testament.

So wie man nicht als Frau auf die Welt kommt, sondern zu einer wird, wird man auch in einem historischen Kontext, innerhalb bestimmter sozialer Beziehungen, geltender Werte und kultureller Codes zum Mann. Im Fall meines Vaters bestand die Welt, in der seine Männlichkeit geschmiedet wurde, aus traditionellen Familienbeziehungen, die bestimmt wurden von der für ländliche Gegenden typischen moralisierenden Sprache des Katholizismus, einer Kleinstadt im Inland des Bundesstaates São Paulo Mitte des 20. Jahrhunderts und einer Berufsgruppe mit starren patriarchalischen Codes.

Bis heute versteht mein Vater, dass sein Wert als Mann mit seiner Arbeit, seiner Rolle als Versorger und seinen Fähigkeiten beim Lösen von Alltagsproblemen verbunden ist. Läuft etwas nicht nach seinen Vorstellungen, zeigt er autoritäre Anflüge – selbst bei Kleinigkeiten, so zum Beispiel, wenn wir uns nicht sofort an den Tisch setzen, sobald er uns zum Mittag ruft. Unterbricht ihn jemand im Satz, schnaubt er wie verrückt. Er sitzt liebend gern an der Stirnseite des Tischs und hört beim Fahren äußerst ungern Hinweise auf sich nähernde Autos oder rote Ampeln. Sein Tonfall schwankt dann zwischen belustigter Heiterkeit und gereiztem Grummeln. Und die ganze Zeit meckert, schimpft und streitet er mit dem Fernseher.

Er war stets der Meinung, dass meine Mutter nicht Autofahren lernen sollte, und fand es immer störend, dass sie als Schneiderin, Haushaltshilfe oder in einem der anderen Berufe arbeitete, in denen sie in ihrem Leben tätig war. Für ihn ist die Welt unterteilt in Männersachen und Frauensachen – mit Ausnahme der Küche, die diese traditionelle Aufteilung überwindet, da die Küche im Haus meiner Eltern auch zu seinen Bereichen zählt.

Seine Jugend verbrachte er im ländlichen Teil von Jaú, wohin er nach dem Scheitern des Geschäfts in Paraná mit seiner Familie zog, als er fünfzehn Jahre alt war. Ein junger Mann zu sein, bedeutete dort, dass man schuften musste, aber auch, dass man trank und feierte. Das tägliche Cachaça-Ritual mit Arbeitskollegen oder mit Cousins und Freunden aus dem Viertel galt als heilig.

Ebenso der regelmäßige Besuch im Bordell. Der traditionelle Katholizismus Brasiliens hat sich nie gegen das Recht der Männer ausgesprochen, für Sex zu bezahlen, und hat Prostituierte immer wie moderne Versionen von Hexen und Prostitution wie ein notwendiges Übel zum Erhalt der patriarchalen Ordnung behandelt, die auf dem unveräußerlichen Recht des Mannes auf Sex und auf der sexuellen Unterwerfung der Frau beruht.

Einige der alten Herrenhäuser in der Nähe des Busbahnhofes von Jaú waren Bordelle und hatten durchgehend geöffnet, zwei Blocks vom Rathaus und der Pfarrkirche Nossa Senhora do Patrocínio entfernt. Kirche, Rathaus und Bordelle bildeten eine Art politische Heilige Dreifaltigkeit des Landesinneren: Katholizismus, patriarchale Männlichkeit und lokaler politischer Machismus.

Mein Vater war ein gutaussehender junger Mann. Auf dem 4:3-Foto von ihm in der Uniform der Tiro de Guerra im Alter von achtzehn Jahren trägt er die Haare raspelkurz. Normalerweise trug er sie länger und zurückgekämmt. Er hatte immer dichte Haare, auch heute noch. Die hellen Augen stechen hervor in dem schmalen Gesicht, eine Schmalheit, die ihm in den Jahren darauf abhanden kommen sollte, vor allem ab zweiundzwanzig, als er mit dem Lkw-Fahren begann. In der Zeit, als er bei der Tiro de Guerra seinen Militärdienst leistete, war er dafür bekannt, dass er sich aus der Kaserne stahl, um die Bars und Feste in den Clubs der Stadt zu besuchen. Bei einem dieser »Freigänge« wurde er auf einem

Tanz von einem seiner Vorgesetzten erwischt, der ihn mit wochenlangem Kasernenputz bestrafte. Bei einem anderen Abenteuer schrieb er sich für einen Zehn-Kilometer-Lauf ein, verschwand aber schon nach den ersten Metern und tauchte geduscht, gekämmt und in Sonntagskleidung im Ziel auf, wo ihn seine Mutter und seine Schwestern schon sehnsüchtig erwarteten.

In den Geschichten aus dieser Zeit kehren bestimmte Motive immer wieder: das Geschick, mit dem er Motoren reparierte, die Saufgelage, wegen denen er mehrmals ins Krankenhaus kam, die großen Feste im Haus meiner Großeltern mit zahlreichen Geschwistern samt Partnern, Neffen, Onkel und Tanten.

In meiner Vorstellung war er auch verführerisch oder zumindest flott. Vor meiner Mutter hatte er keine feste Freundin, was ihn aber nicht davon abhielt, Affären oder sexuellen Abenteuern nachzugehen. »Und hier warst du eingesperrt?«, frage ich meinen Vater im Scherz und zeige auf das kleine Gefängnis neben der Polizeistation im Zentrum von Jaú. *Ja, aber nur eine Nacht.* Ich bin erstaunt, und er auch, weil er gedacht hat, dass die Frage ernst gemeint sei. Aber wo es schon mal raus ist, erzählt er mir, dass er als junger Mann eine Nacht dort eingesessen habe, weil er im Außenbezirk von Jaú aufgegriffen worden sei, als er mitten in einem Zuckerrohrfeld Sex mit einem Mädchen hatte, im alten DKW seines Vaters, den er fuhr, wenn er zu solchen und anderen Zwecken in Jaú war.

Mein Vater hat sich nie für Politik interessiert. Für ihn, wie für den Großteil seiner Freunde und Bekannten, ist Politik ein saisonales Phänomen, vor allem während der Wahlen, aber selbst dann eines, das ihn kalt lässt. Seiner Logik nach ist es egal, welcher Kandidat die Wahlen gewinnt, denn *am nächsten Tag müssen wir auch bloß arbeiten wie immer.*

In dieser Haltung zeigt sich einmal mehr, dass er die Welt in einem Akt des ethischen Kartographierens in aufrichtige Menschen und in Hallodris einteilt (ob nun arm oder reich, Politiker oder nicht). Seiner Ansicht nach ist die Politik voller Hallodris; »aufrichtige« Politiker sind die Ausnahme, und Integrität hat wenig mit Ideologien oder Parteizugehörigkeiten zu tun. Die zwei wichtigsten Fragen lauten: Ist dieser Politiker ein anständiger Mensch? Hat sich mein Leben in den letzten Jahren verbessert oder verschlechtert? Diese beiden Fragen bestimmen die Sicht auf den Staat und auf die Politik, die für ihn viel konkreter ist als die Ideen, die die intellektuellen Eliten anführen, um dem politischen Geschehen Sinn zu verleihen (Demokratie, Faschismus, Sozialismus, Linke, Rechte …).

Mein Großvater Joanim hingegen scheint ein interessierter Beobachter der politischen Entwicklungen sowohl in Brasilien als auch im Italien seiner Eltern gewesen zu ein. Er hörte jeden Abend *A Voz do Brasil* und hatte jahrelang ein Portrait von Mussolini in dem Bauernhaus hängen, in dem mein Vater und seine Geschwister aufgewachsen sind. Für Joanims Kinder war Mussolini »der Alte an der Wand«.

*Das Bild hing im Wohnzimmer. Er hat diesen Alten an der*

*Wand vergöttert. Auch als meine Familie von dem Hof weg und nach Jaú gezogen ist, als er und ich in Paraná waren und eine Scheune für den Kaffee gebaut haben. Wir waren so dreißig, vierzig Tage da. Irgendwann in dieser Zeit sind meine Mutter und meine Geschwister nach Jaú gezogen; sie hatten beschlossen, in die Stadt zu ziehen, weil es auf dem Hof nichts mehr gab ... darum haben sie hier ein Haus gemietet. Sie kamen her, und der Umzug war das Ende für das Bild. Meine Mutter wollte das alte Ding an der Wand nicht mitnehmen – und hat es weggeworfen. Und als mein Vater zurückgekommen ist und das Portrait von dem Alten nicht an der Wand gehangen hat, ist er richtig wütend geworden. Er hat geschrien: »Wo ist Mussolini? Wo ist Mussolini?«*

Ich habe vor ein paar Jahren von dieser Geschichte erfahren. Viele Kinder von Italienern aus dieser Zeit hatten eine liebevolle Beziehung zu dem Bild des faschistischen Anführers und haben Vargas nie die Allianz mit den Alliierten im Zweiten Weltkrieg verziehen, nachdem er jahrelang mit den Achsenmächten geflirtet hatte. Ob das bei meinem Großvater auch der Fall war, kann ich nicht sagen, und ich werde es nie erfahren. Ich weiß nicht, was er über Mussolini und über den Faschismus wusste und weshalb dieser Alte an der Wand so wichtig für ihn war.

Ich frage meine Vater, was er über Mussolini weiß. *Das war irgend so ein Italiener. Zu Politik kann ich nichts sagen.*

Als ich sieben Jahre alt war, kehrte mein Vater mit starken Brustschmerzen nach Jaú zurück. Damals arbeitete er in

Vargem Grande do Sul, einer Stadt im Norden des Bundesstaates São Paulo. Sein Zustand war ernst. Ich erinnere mich, wie wir ihn um Neujahr 1993 herum im Krankenhaus São Judas in Jaú besuchten, bevor er nach Ribeirão Preto verlegt wurde, wo er sich einer riskanten Herzoperation unterzog. Mein Bruder, meine Mutter und ich gingen auf dem Weg zu ihm diese Rampen mit Gummibelag hinauf. Die Wände des Krankenhauses waren vergilbt, eine ganze Bandbreite trister, trüber Farben, die nur alte Krankenhäuser durch die langsame Ablagerung aller erdenklichen Ausdünstungen hervorbringen. Und es gab ein kleines, sehr weißes Zimmer, in das mein Vater, schwach und in einem blauen Bademantel, von einer Krankenschwester hineingebracht wurde. Ich wusste, dass es vielleicht ein Abschied für immer war.

Er überlebte die Operation mit riesigen Narben, vier Bypässen aus Venen und einem Bypass aus der Brustwand, einem täglichen Arsenal von Medikamenten und einer Reihe regelmäßig anstehender Arztbesuche und Untersuchungen, die für immer Teil seines Alltags bleiben würden. Von da an glaubte ich viele Jahre, dass ich der Hüter über sein Lebens sein müsste – eine Zuspitzung dessen, was ich schon lange vorher gefühlt hatte, wenn ich Feuerzeuge und Zigarettenschachteln wegwarf, sobald er nicht hinsah. Jedes Über-die-Stränge-Schlagen beim Essen jagte mir einen Schrecken ein, und er verzichtete nie auf große Portionen Fleisch, würzte alles kräftig mit Öl und Salz und trank an den Wochenenden. Wenn ich ihn bei Familienfesten mit Bier sah, empfand ich schreckliche Traurigkeit und Ohnmacht. Und ich war nicht allein: Ich spiegelte und steigerte die Angst meiner Mutter. Als der Arzt, der die erste Herzoperation durchführte, erfuhr, dass mein Vater seit Jahrzehnten rauchte (drei Packungen Hollywood am Tag, beinah nahtlos eine Zigarette nach der anderen), legte er meiner Mutter nahe, ihm ruhig weiter Zigaretten zu geben, falls sie unbedingt Witwe werden wolle.

Ein Jahr nach der Operation kehrte mein Vater zum Lkw-Fahren zurück. Von da an wohnte er in Jaú und arbeitete für ein Unternehmen, das Sand und Steine transportierte. Für die nächsten zwanzig Jahre sollte er montags bis samstags von vier Uhr morgens bis achtzehn Uhr abends arbeiten.

Mit Beginn dieser neuen Arbeit kam er nach einem Jahr Abstinenz wieder nach Zigarette riechend nach Hause. Meine Mutter roch es an den Händen und der Kleidung meines Vaters, und auch ich roch es, ob nun aus der Ferne oder Nähe, unter dem Geruch von Schweiß und Staub nach einem langen Arbeitstag. Unseren Fragen wich er immer aus, indem er sagte, seine Kollegen würden alle rauchen.

*Fast zwei Jahre habe ich nicht geraucht. Dann habe ich in dieser Firma angefangen, die Sand ausgeliefert hat, und habe mir gleich bei der ersten Fahrt eine Drecksschachtel Zigaretten gekauft. Als ich nach Hause gekommen bin, habe ich gestunken. »Ich haben neben diesem einen Typen gestanden, der raucht«, habe ich zu dir, zu Mama und zu Jão gesagt. Bis du mich eines Tages erwischt hast. Das war die letzte Zigarette, die ich mir in den Mund gesteckt habe. Erinnerst du dich? Das war beim Umzug zur Jahresfeier von Jaú. Jão ist im Umzug mitgelaufen. Ich habe noch das Auto geparkt und bin dann mit*

*Zigarette im Mund hinterhergekommen, und ich dachte, ihr wärt weiter vorne. Als wir nach Hause gekommen sind, hast du dich aufs Sofa gesetzt und geheult, weißt du noch? Und ich habe zu dir gesagt: Ich habe die Zigaretten schon weggeschmissen, und der Teufel soll mir in der Hölle den schlimmsten Platz geben, falls ich mir irgendwann noch mal eine in den Mund stecke. Ich hab nie wieder geraucht und werde es auch nie wieder tun. Aber manchmal erinnere ich mich noch an den Geschmack von Zigaretten, diesen verfluchten ...*

In den letzten Monaten habe ich oft an Telemachos gedacht, Sohn des Odysseus und homerischer Held, und an den namenlosen Sohn aus *A Terceira Margem do Rio*, eine fabelhafte Erzählung von Guimarães Rosa. Söhne von Reisenden, ganz verschiedenen Männern, deren Leben Aufbruch ist und deren Rückkehr ungewiss. Zwischen ihnen gibt es eine Art Bruderschaft, auch wenn sie getrennt sind durch die Distanz und die Jahrhunderte, die zwischen dem antiken Ithaka und dem Sertão von Minas an der Grenze zur Moderne liegen. Beide suchen einen Vater, der da und zugleich nicht da ist, der gelegentlich subtile und zweideutige Zeichen sendet, der einen vorläufigen Raum zwischen Leben und Tod besetzt, zwischen dem Lärm der menschlichen Massen und der geheimnisvollen Weite der Wasser.

Telemachos stürzt sich auf der Suche nach seinem Vater, den er nicht sieht, aber dessen Geschichten er auf dem Weg einsammelt, ins Meer. Der namenlose Sohn am Flussufer wartet auf die Rückkehr seines Vaters, den er sehen kann, aber der nicht spricht. Diese Väter zwingen ihren Söhnen ein beinahe unlösbares Rätsel auf, und beide Söhne leben mit dem Wunsch und der Angst, dass ihr Vater zurückkehrt.

In *A Terceira Margem do Rio* gesteht der Sohn nach dem erhofften Zeichen des Vaters: »Ich habe die große Kälte der Angst gelitten, ich war erkrankt.«

Ist es überhaupt möglich, nach Hause zurückzukehren, nachdem man Schlachten ausgetragen, magische Wesen gesehen, tiefste Einsamkeit erfahren und die Welt erkundet hat?

Als ich fünf Jahre alt war, brachte mir mein Vater von einer seiner Reisen ein kleines Plastikpferd mit. Bevor er wieder aufbrach, versteckte ich das Spielzeug in seiner Tasche, damit er mich nicht vergessen würde.

Im Alter von sieben bat ich meine Eltern, mit mir in die Stadtbibliothek von Jaú zu gehen. Bis auf die Bibel, den Katechismus und ein paar Gebetsbücher gab es bei uns zu Hause keine Bücher. Im selben Jahr wünschte ich mir einen Globus. Ich interessierte mich für die Welt und dachte bereits anhand der verschiedenen Darstellungen und Sprachen, die ich von meinen Eltern gehört hatte, über sie nach.

In derselben Zeit begann ich, in den Theaterstücken beim Sonntagsgottesdienst Jesus Christus zu spielen, in der Kapelle Santa Casa von Jaú, in der mein Bruder und ich im Kinderchor sangen und später Chorknaben waren. Jahrelang wiederholte ich die Worte des Evangeliums, inszenierte die Brotvermehrung und die Heilung der Kranken, während ich lernte, die Stimme zu erheben, um dieser Aufgabe gerecht zu werden. Diese Altarstimme prägt meine Sprache bis heute.

Seit meinem ersten Schultag wurde ich von Lehrern, Schulleitern und Mitschülern wie ein kleines akademisches Wunderkind behandelt. Diese Anerkennung manifestierte sich in herausragenden Zeugnissen, Preisen bei Aufsatzwettbewerben, Reisen zu internationalen Jugendtreffen und Zusammenkünften, dem Vorsitz der Schülervertretung und des bundesweiten Schülerparlaments, Artikeln in der Schülerzeitung und der Wochenzeitung von Jaú, Stipendien, Spitzenplätzen bei Wettbewerben und Aufnahmeprüfungen und Ehrenurkunden.

In einem immer wiederkehrenden Traum meiner Kindheit lotste ich meine Freunde in die Bibliothek unserer Schule, um sie vor einem riesigen Monster zu retten, das unsere Stadt angriff. In der Bibliothek waren wir sicher.

Roland Barthes, ebenfalls ein Reisender zwischen den Sprachen, merkt an, dass »die Herkunftssprache des Subjekts altert – umso mehr, da es sich immer um die Sprache der Herkunftsklasse der Eltern handelt –, und das in einem kaum wahrzunehmenden Tempo, denn der Verschleiß vollzieht sich Tag für Tag.« Mit dreizehn legte ich den Dialekt von Jaú mit seinen harten »r«s und seinen scharfen »d«s und »t«s fast vollständig ab. Auch die Sprache ist ein Haus. Während ich noch in meinem Elternhaus lebte, versuchte ich, bewusst oder unbewusst, die Welt durch neu erschlossene Wege zu bewohnen.

Die biographische Kluft, die sich zwischen meinen Eltern

und mir auftat, wuchs mit jedem Schuljahr, mit jeder Medaille bei einer Mathematik- oder Astronomie-Olympiade und jedem Interview, das ich Zeitungen und Fernsehsendern der Region gab, die eifrig von den akademischen Leistungen dieses Jungen aus dem Landesinneren berichteten, einem Kind von Arbeitereltern, Schüler einer öffentlichen Schule und späterem Stipendiaten.

Obwohl sie nicht vollständig verstanden, was diese einzelnen Erfolge bedeuteten, feierten meine Eltern sie immer mehr als ich. Jedem, mit dem sie sprachen, erzählten sie davon, in der Schlange beim Bäcker, in Wartezimmern oder bei Zusammentreffen nach dem Gottesdienst. In einer blauen Mappe sammelte meine Mutter jeden einzelnen Artikel, jede Medaille und jede Urkunde; mein Bruder lebte ständig mit dem Vergleich; mein Vater verkaufte Tombolalose und lieh sich bei Freunden Geld, um mir verschiedene Reisen zu ermöglichen.

Ich brauchte lange, um zu verstehen, dass mein schulischer Erfolg nicht nur mir gehörte, sondern eine Art Familienprojekt war.

# DER WUNSCH ZU SEHEN

*Die Schwalben kamen zurück*
*Und auch ich kam zurück.*
**»As Andorinhas«**
**Trio Parada Dura**

Im Alter von fünfzehn bis zweiundzwanzig arbeitete mein Vater in einer Werkstatt für Lastwagen und schwere Maschinen. Großvater Joanim ging mit ihm zu Italos Werkstatt und fragte, ob der italienische Automechaniker Arbeit für seinen ältesten Sohn habe. Italo war ein kleiner, starrköpfiger Mann mit starken Armen und rotem Gesicht, der einen intensiven Geruch nach Cachaça und Rustica-Tabak verströmte. Er brachte meinem Vater bei, wie man Motoren reparierte, Karosserien schweißte, Probleme mit der Mechanik löste und Metallrahmen baute. Bis vor wenigen Jahren war das Tor zu dem Gelände, auf dem sich die Werkstatt befand, dasselbe, das mein Vater in seiner Zeit dort gebaut und eingesetzt hatte, und wenn wir daran vorbeikamen, wies er uns jedes Mal darauf hin.

Mein Vater lebte umgeben von Männern, die deutlich älter waren als er, Kollegen und Kunden, die ihre Traktoren und Lkws zur Reparatur in die Werkstatt brachten. *Es gab dort Mechaniker, die in acht, zehn, fünfzehn Jahren in der Werkstatt noch nie einen Motor zusammengebaut hatten. Und ich hab schon nach zwei Jahren damit angefangen. Mechanik lag mir einfach.*

Dort begann auch sein Bildungsroman als junger Mann einer Kleinstadt im Landesinneren der fünfziger Jahre. Nach der Arbeit trank und rauchte er mit seinen älteren Kollegen in der Bar von Dona Iolanda direkt gegenüber der Werkstatt. Genau dort bekam er eine Alkoholvergiftung, die in unserer Familie zu einer Legende wurde: Nachdem er mit nur siebzehn Jahren einen riesigen deutschen Motor aus einer Keramikfabrik repariert hatte, eine Aufgabe, die viele Kollegen für unmöglich gehalten hatten, trank er sich ins Koma und lag drei Tage bewusstlos im Krankenhaus. Meine Großmutter Demétria stand weinend an seinem Bett und war sich sicher, dass sie einen weiteren Sohn verlieren würde.

Italos Werkstatt war auch ein Ort der Geschichten. Der alte Mann mit dem schweren Akzent erzählte gern von seinen Kindheitserinnerungen: vom Auftauchen des Teufels am Flussufer, vom Geräusch der Bomben und Schüsse in der Zeit des Krieges und vom Landleben in Süditalien.

Mein Vater hörte dort viele Erzählungen von Fernfahrern. Fremde Arbeiter, viele von ihnen von außerhalb, auf der Durchreise, die ihre Fahrzeuge warten lassen mussten, ehe sie mit ihnen auf die Straße zurückkehren konnten. Diese

Männer und ihre Erzählungen weckten in ihm den Wunsch nach anderen Welten und Begehrlichkeiten.

*Ich war ein guter Mechaniker, hab schnell gelernt und gern Motoren repariert. Aber wenn in der Werkstatt Lkw-Fahrer aufgeschlagen sind, um was reparieren zu lassen, haben sie immer von ihren Reisen erzählt. Das fand ich faszinierend. Ich wollte auch wissen, wie das ist. Hatte Lust, die verschiedenen Orte zu sehen, die Strapazen zu verstehen, von denen sie erzählt haben, und selbst Abenteuer zu erleben. Und so habe ich mich mitten hinein gestürzt.*

Fernfahrer zu sein, bedeutete zum damaligen Zeitpunkt, dass man sich an die Hoffnung klammerte, durch selbstständige Arbeit finanziell aufzusteigen. Der Beruf versprach, dass man als junger Mann (Frauen gab es in der Branche kaum) ohne Schulabschluss oder finanzielle Unterstützung von reichen Eltern oder vom Staat zu einer Art Kleinunternehmer werden konnte.

Zwischen 1960 und 1980 waren nur wenige Berufskraftfahrer bei Transportunternehmen angestellt. Die meisten fuhren ihren eigenen Lkw, in der Regel gestückelt in zahlreiche Raten, die sie nur selten vollständig beglichen. So war es auch bei meinem Vater, der dreißig Jahre als selbstständiger Berufskraftfahrer arbeitete und immer die nächste Rate im Blick hatte. Auf den maroden Straßen der damaligen Zeit alterten Lkws schnell. Die Fahrer mussten sie durch neuere Modelle ersetzen oder in teure Ersatzteile investieren, damit sie die riesigen Entfernungen innerhalb des Landes auf nicht asphaltierten Fernstraßen mit Sümpfen und Urwäldern, Baustellen und anderen Hindernissen zurücklegen konnten.

Es war leicht, einen Kredit zu bekommen, und die internationalen Lkw-Marken brachten ständig neue Modelle auf den Markt. Der Industriepark des Landes weitete sich aus, und die Nachfrage nach neuen Lkw-Modellen wuchs, vor allem in den Jahren des sogenannten »Wirtschaftswunders« Ende der sechziger und Mitte der siebziger Jahre. Für dieses trügerische »Wunder« waren Lkws der Inbegriff von Möglichkeiten in einem Land von der Größe eines Kontinents, das kaum Eisenbahnlinien, aber ein weit verzweigtes Flusssystem für den Transport von Gütern aufweist.

*Das Hin und Her lief so ab: Ich habe in São Paulo aufgeladen und bin nach Boa Vista gefahren, hab dort abgeladen und bin nach Belém gefahren, dann habe ich in Belém aufgeladen und bin nach São Luís do Maranhão gefahren, hab in São Luís aufgeladen und bin nach Recife gefahren ... man hat Halt gemacht und nach der nächsten Ladung gesucht. Man hat eine Runde gedreht, bis man wieder nach São Paulo gekommen ist und ist dann zurück nach Hause gefahren. Wenn ich in Jaú los bin, wusste ich also nie, wann ich wieder zurückkomme.*

»Fortschritt« lautete das Zauberwort der Militärregierung, und gemessen wurde er an den Kilometern neuer Fernstraßen, der Zahl neuer Kraftwerke und Flughäfen. Fortschritt war unser riesiger weißer Wal, immer auf der Flucht, und die Lkws waren mit Männern beladene Schiffe, die Lohn und Brot, Glück und Abenteuer suchten, Männer, die die Waffen und Räder darstellten, im Dienst der großspurigen Pläne von Generälen und Geschäftsmännern, die sich in Kanzleien, Büros, Kasernen und Frachträumen verschanzten.

Die Lkws waren nicht nur Arbeitsgeräte, sondern eine Investition, die jahrelange Anstrengungen und hohe Kredite erforderte. Mit harter Arbeit, oft die ganze Nacht am Steuer und unter dem Einfluss chemischer Stimulanzien, hofften die Fahrer, die Kredite für den Kauf abzuzahlen und die finanzielle Lage ihrer Familien zu verbessern – ein Stück Land zu erwerben, um ein Haus zu bauen, mehr Essen auf den Tisch zu bringen, in den überall im Land eröffnenden Warenhäusern neue Möbel zu kaufen, einmal im Jahr an den Strand zu fahren. Mit etwas Glück könnte man den Lkw eines Tages gegen einen neueren oder größeren eintauschen, oder vielleicht sogar eine Anzahlung auf einen zweiten leisten und von einem kleinen Fuhrpark träumen, Arbeitnehmer werden und Fahrer einstellen, die die Lkws für einen bewegten.

Zur Umsetzung dieses Skripts kam es selten. *Von meinen Lkw-Fahrer-Freunden ist nur einer reich geworden: Braga. Der hat es geschafft und ein Transportunternehmen aufgebaut. Er hat hier in der Gegend Steine und Sand ausgefahren. Er hatte ungefähr acht, neun Lkws. Aber dann ist er an einem Herzinfarkt gestorben, mit nicht mal fünfzig. Seine Kinder haben alles an die Wand gefahren, was er aufgebaut hatte. Jetzt gibt es das Transportunternehmen nicht mehr, keine Lkws und auch sonst nichts.*

Die Ideale des Unternehmertums sind in der brasilianischen Arbeiterklasse keine Neuheit. Der Traum, »keinen Vorgesetzten zu haben« ging immer mit dem »Traum vom Eigenheim« einher, und beide bergen Risiken für die Arbeiter: Das Schuldengespenst, die Geißel der Zinsen, die Unsicherheit der sozialen Sicherheitsnetze, aufeinanderfolgende Wirtschaftskrisen, die reelle Gefahr, alles zu verlieren und keine Alternative zu haben. Als Selbstständiger zahlte mein Vater jahrelang in die öffentliche Rentenkasse ein, um dann nach jahrzehntelanger harter Arbeit nur mit einem Mindestlohn in den Ruhestand zu gehen.

Um die Gesamtsumme für den Transport zu erhalten, mussten die Lkw-Fahrer die Ladung zum vereinbarten Termin abliefern. Zehn oder fünfzehn Prozent der Summe bekamen sie bei der Abfahrt ausgezahlt – Geld, das bestenfalls die Ausgaben für die Hinfahrt deckte. Der Rest wurde bei der Übergabe gezahlt, und immer bestand das Risiko, dass der Empfänger hartnäckig den ursprünglich vereinbarten Preis drückte, sei es aufgrund von Verspätungen, Pannen oder reiner Willkür. Mein Vater erzählt, dass ihm die letztlich ausgezahlte Summe für lange Fahrten immer wie ein ordentlicher Batzen Geld vorkam, aber dieses erste Gefühl löste sich jedes Mal schnell auf: immer fielen Wartungskosten an, ständig musste irgendein Teil ausgetauscht werden, der Treibstoff schluckte gewaltige Summen, und die Ratenzahlungen für den Lkw liefen unaufhörlich weiter. Letztlich blieb wenig Geld übrig, das man mit nach Hause nehmen konnte.

Wer waren diese Männer der Straße? Abgesehen von der Bedeutung der Lkw-Fahrer für das Wirtschaftsleben des Landes während der Militärdiktatur fanden die Hoffnungen und Enttäuschungen des Lebens hinterm Steuer selten Eingang in die brasilianischen Kunst- und Kulturproduktion. Es gibt nur wenige Lkw-Fahrer in Serien, Filmen oder Büchern, und diese Arbeiter nehmen auch keinen bedeutenden Platz in den zahlreichen Visionen von unserem Land ein, die verschiedene künstlerische und politische Gruppen in jener Zeit formulierten.

Das ist natürlich nicht allein ein Problem dieser Gruppe. Der Mangel an Repräsentationen ist symptomatisch für die eng gesteckten Grenzen der kulturellen Eliten Brasiliens, wenn es darum geht, ein Bild unserer Gesellschaft zu entwickeln, das sich mit der Realität der Arbeiter auseinandersetzt, mit ihrem kulturellen Universum, ihrer Ästhetik und ihren vielfältigen politischen Ausrichtungen. In der Regel tritt das »Volk« in der Kunst dieser Zeit als abstrakte Kategorie auf oder in der wiederholten Formel eines »vorrevolutionären Volkes«, in Anlehnung an den Marxismus der damaligen Zeit, oder als Manifestationen eines »folkloristischen Volkes«, ländlich, romantisch und vormodern. In den meisten Fällen entsprechen die realen Arbeiter in ihrer enormen Vielfalt nicht annähernd diesen Entwürfen.

Letztlich fiel es den populäreren Genres zu, einige der bedeutendsten Repräsentationen vom Leben der Lkw-Fahrer zu entwerfen. Das 1967 erschiene Buch *Jorge, um Brasileiro*

(»Jorge, ein Brasilianer«) des Autors Oswaldo França Júnior hatte bei der Leserschaft einen gewissen Erfolg und diente später als Vorlage für das Drehbuch des gleichnamigen Films 1988 unter der Regie von Paulo Thiago. In einer eher romanhaften Sprache porträtieren Buch und Film einen Fernfahrer, der der Gier seiner Arbeitnehmer und den Problemen des Alltags auf der Straße trotzt.

Besonders beliebt war die Serie *Carga pesada* (»Schwere Fracht«), die von 1979 bis 1981 von *Globo* ausgestrahlt und deren späteres *Remake* von 2003 bis 2007 gezeigt wurde. Sowohl die Originalversion als auch die Nachfolgeproduktion erzählen von den Abenteuern, Liebschaften und Herausforderungen des charismatischen Lkw-Duos Pedro und Bino, gespielt von Antônio Fagundes und Stênio Garcia. Pedro verkörpert den Archetyp des Lkw-Fahrers als freiem und unerschrockenem Mann auf der Suche nach Frauen und Abenteuern, während Bino sein realistisches Gegenstück bildet, ein bodenständiger Familienmensch, der sich Sorgen um das Bezahlen der Rechnungen und um die Zukunft macht.

Aber wahrscheinlich trug das Genre der *Música Sertaneja* am meisten zur Herausbildung von Bildern und Erzählungen vom Leben der Berufskraftfahrer bei. Milionário und José Rico, eines der erfolgreichsten Duos dieses Genres, nahmen 1977 »Estrada da Vida« (»Straße des Lebens«) auf, das zum größten Hit des Duos und zu einem der meistgespielten Titel in Radiosendern dieses Genres wurde, die die Hintergrundmusik meiner Kindheit lieferten. Die beiden Sänger verkörpern den beliebten Typus des Landesinneren, den Mann, der es »im Leben zu etwas gebracht« hat und der seinen ökonomischen Erfolg gern mit Goldketten, Cowboyhut, Lederjacke, Sonnenbrille und riesiger goldener Gürtelschnalle zur Schau trägt.

Der Künstlername und die Auftritte des Duos versprachen all jenen Wohlstand, die den Mut hatten, sich den gewaltigen Hürden der Arbeit, des Lebens, der Musik und der Straßen zu stellen. Das Lied diente auch als Titelsong für den Film *Na estrada da vida* von 1980, in dem das Duo die Hauptrolle spielt und Nelson Pereira dos Santos Regie führt, eine Musikdokumentation und ein Roadmovie *sertanejo*, der die Musiker auf ihren Reisen durch Brasilien begleitet.

Der Text und die traurige Melodie von »Estrada da Vida« scheinen der Ästhetik des Wohlstands zu widersprechen. Sie verkünden, dass dieser lange, verheißungsvolle Weg, der ständige Wettlauf um »den ersten Platz« unweigerlich ein trauriges Ende findet – und der Traum vom Aufstieg zerplatzt.

*Auf dieser langen Straße des Lebens*
*renne ich und darf nicht stehen bleiben*
*In der Hoffnung, Sieger zu werden*
*Und es allen zu zeigen …*

*Aber die Zeit hat mir den Weg versperrt*
*Und mich überkam die Müdigkeit*
*Meine Augen wurden schwer*
*Und letztlich war es soweit*

Wer sich dem Erzähler dieses Lieds in den Weg stellt, ist die Zeit, die uns alle einholt. Sie zeichnet ein tragisches Bild von der Odyssee der Arbeiterklasse, aber vor allem der Lkw-Fahrer, deren Drama sich buchstäblich ankündigt.

In dem Lied »Sonho de um Caminhoneiro« (»Traum eines Truckers«), das ebenfalls von Milionário und José Rico stammt, verkörpern zwei Freunde die Ideale einer ganzen Legion von Fahrern:

> *Sie waren unzertrennliche Freunde*
> *Sie kämpften für Leben und Brot allein*
> *und trugen den Traum von Stadt zu Stadt,*
> *Besitzer ihres eigenen Trucks zu sein*
>
> *Mit viel Einsatz und Verzicht*
> *damit das Geld für die Raten floss*
> *Wurde der Traum endlich wahr*
> *Und der Angestellte wurde zum Boss*

Auch in diesem Lied drängt sich die Tragödie auf, und diesmal nicht durch die Fänge der Zeit, sondern weil sie durch einen Unfall plötzlich stehen bleibt, der die Geschichte von einem der Fahrer beendet:

> *Aber das grausame und verräterische Schicksal*
> *bestimmte die Zeit und den Ort*
> *der feine Regen und die nasse Piste*
> *führt zum Zusammenstoß, und er ist fort*

Einer der Freunde stirbt, als die Raten für den gemeinsam gekauften Lkw fast abbezahlt sind und seine Frau mit ihrem ersten Kind schwanger ist.

*Von den Sechzigern bis in die Neunziger habe ich in ganz Brasilien gearbeitet, auf so vielen Baustellen, dass ich mich gar nicht an alle erinnere. Ich habe Materialien zum Internationalen Flughafen von Manaus gebracht ... eine Zeit lang habe ich dort gearbeitet. Damals gab es dort noch keine Straßen. Um nach Manaus zu kommen, musste man den Lkw in Porto Velho auf ein Schiff laden und fünf Tage lang den Fluss runter fahren. Auch am Internationalen Flughafen Guarulhos habe ich gearbeitet. Und dann habe ich viel Material für den Bau der Schnellstraße Mogi das Cruzes hoch nach Bertioga gebracht, als sie die dort asphaltiert haben. An der Fernstraße Imigrantes und Bandeirantes habe ich auch mitgearbeitet.*

*Ich habe viel Material nach Angra dos Reis gebracht, als sie dort das Atomkraftwerk gebaut haben. Ich habe mitgeholfen, die Transamazônica aufzumachen: brachte Material hin, blieb zwanzig Tage oder einen Monat, half vor Ort und kam zurück. Ich habe mit dem Asphalt der Belém-Brasília geholfen, fünf Jahre habe ich dort gearbeitet, als es noch eine Piste war. Und im Kraftwerk von Tucuruí in Pará. Ich habe auch Material nach Itaipu gebracht. In der Serra Pelada haben die Lkws in den Siebzigern und Achtzigern das Material rangekarrt, damit sie den Boden aufmachen und das Gold rausholen konnten: Traktorteile, Werkzeuge für Bohrungen, Quecksilber, Wasserpumpen.*

*Ich habe an allen möglichen guten und schlechten Orten gearbeitet.*

Ende der Sechziger und Anfang der Siebziger wuchs Brasiliens Wirtschaft jährlich um acht Prozent, dehnten sich die Ränder der Städte mit den Favelas und den selbst errichteten Vierteln aus, von denen einige mit Siedlungen der CECAP, COHAB und mit kleinen Häusern der BNH übersät waren. Die Arbeiter trugen das Wirtschaftswachstum auf ihren Schultern, um die Raten für ihre Fahrzeuge zahlen, Ziegel und Zement kaufen und endlich ein Kinderzimmer bauen oder ein Stück Land im Außenbezirk irgendeiner der Städte vollständig abbezahlen zu können, die mit der Arbeit ihrer Hände anwuchsen. Diese urbane Proletarierklasse, seit den vierziger Jahren unterbezahlt und hektisch expandierend, musste ihre Wochenenden und Feiertage dem Bau der eigenen Häuser und dem ihrer Freunde und Verwandten widmen, oft in gemeinschaftlichen Hilfskationen und ohne die Unterstützung von Fachleuten und öffentlichen Stellen.

Zum ersten Mal bevölkerten attraktive, industriell gefertigte Konsumgüter die Welt der Arbeiterklasse, ein Universum aus Zucker und Farbstoffen, aus Plastik und Halbleitern, aus Metall und Benzin. Bunte Verheißungen kamen ihnen aus den Seifenopern des Senders *Globo*, den Zeitschriften und Bilderromanen, den Traumwelten aus schnellen Autos und Liebesaffären entgegen. Der Traum vom Aufstieg in die Mittelschicht, zu dem die Rhetorik vom »Wirtschaftswunder« beigetragen hatte, verbreitete sich in jenen Jahrzehnten, in denen die offizielle Politik zu einer schwindelerregenden Zunahme der Einkommenskonzentration, der Staatsverschuldung und der Ungleichheit in den Städten führte.

Geld hat in jeder sozialen Welt, in der es zirkuliert, ein anderes Leben. In den unteren Schichten gibt es viel weniger Scham, darüber zu sprechen, was man verdient und was man ausgibt, wie hoch die Miete ist, wie viel das Auto gekostet hat oder wie viel Familienmitglieder irgendwelchen Kredithaien schulden. Ein Mensch kann aus verschiedenen Gründen anerkannt werden, aber besonders beeindruckend ist, wenn man als jemand betrachtet wird, der es durch harte Arbeit und nicht durch Betrug oder Diebstahl »zu etwas gebracht hat«. Die Grundregel – »bloß kein Taugenichts sein« – dient als Leitsatz bei der Beurteilung von Wohlstand und Unglück.

Jahrelang fragte mich mein Vater, wie viel ich verdiene, wie hoch meine Miete sei, wie viel ich für Reisen, Bücher oder ein neues Handy ausgegeben hätte. Und jedes Mal zögerte ich mit der Antwort. Ich war stolz darauf, diesen Teil meines Lebens vor meinen Eltern geheim zu halten. Meine Einstellung steht im starken Kontrast zu ihrer Art, mit Geld umzugehen: Im Haus meiner Eltern ist Geld nichts Abstraktes, sondern ein physischer Gegenstand, der von Hand zu Hand geht, denn sie haben nie Kredit- oder Debitkarten benutzt, und das Wenige, das von ihren Renten übrig blieb, wurde immer in einer Emaille-Tasse in der Küche aufbewahrt, schnell verfügbar für jeden von uns, der kleine Einkäufe machen musste.

Erst als ich mit der Arbeit an diesem Buch begann, antwortete ich auf die Frage, wie viel ich verdiene. Was der genaue Grund dafür war, weiß ich nicht. Vielleicht weil ich erst an diesem Punkt verstand, dass es für meine Eltern und mich eine ganz unterschiedliche Bedeutung hat, die Höhe des Gehalts einer anderen Person zu kennen. *Ich frage dich nicht, weil ich was von dir haben will, sondern weil ich stolz auf dich bin.*

Das Wort »Schlamm« taucht in den Erzählungen meines Vaters erstaunlich oft auf. Schlamm prägt seine Erinnerung an die Straße mehr als jedes andere Landschaftsphänomen.

*Die meisten Straßen waren unbefestigt und entweder staubig oder matschig. In der Regenzeit ist solcher Schlamm entstanden, dass man manchmal fünf, sechs, sieben aufeinanderfolgende Tage festgesessen hat. Wir sind in einer Kolonne aus fünf oder sechs Lkws gefahren, und wenn einer eingesunken und stecken geblieben ist, musste man zwei oder drei Lkws davor setzen, um ihn rauszuziehen. Darum vergesse ich das auch nicht. An Schönes erinnere ich mich kaum, weil man daran vorbei fährt, es sieht und bewundert, und schon ist es weg. Aber Schlamm, so hässlich er auch sein mag, da sitzt man eine Woche lang drin fest, verstehst du? Ich habe eine Kassette mit den Gitarristen aus der Zeit eingelegt und mit den Leuten geschwatzt, um mir die Zeit zu vertreiben. Manchmal gab es am Rand eine Kneipe, und ich habe ein paar Gläschen getrunken. Darum habe ich mir das eingeprägt, es im Kopf behalten, das vergisst man nicht.*

Eine pragmatische Einstellung und ein gewisser Hang zum Minimalismus gehörten zur Grundvoraussetzung, um die Herausforderungen der Straße zu meistern. Bis heute mag mein Vater keine Dekorationen, keine Verzierungen, keinen Überfluss. Bloß keinen *Schnickschnack*. Bei ihm müssen die Dinge sein, wie sie sind, ohne dass man dem, was sie ausmacht, etwas hinzufügt.

*Damals war es normal, dass man in kurzen Hosen, ohne Hemd und mit Käppi rumgelaufen ist. Das war meine Arbeiterkluft. Flipflops an den Füßen, oder auch mal barfuß, wenn es durch den Schlamm ging. An die Sonne musste man sich gewöhnen. Die Haut ist ledrig und dick geworden. Heute bin ich alt, meine Haut ist wie Papier, und wenn ich mich mal irgendwo stoße, blutet es gleich.*

Ich betrachte diese Ordnung der Dinge und den Umgang mit dem eigenen Körper als eine pragmatische Ästhetik, der er noch immer folgt: Pflanzen im Haus nehmen bloß Platz weg, Dekostücke auf Schränken verstauben nur, ausgefallene Zutaten sind nicht besser als Zwiebeln und Knoblauch, Kleidung ist zum Wärmen da – darum zieht er das Hemd aus, wenn ihm heiß ist, und es spielt keine Rolle, ob er bei Tisch sitzt oder Besuch empfängt.

Viele Fahrer betrachten ihren Lkw als Zuhause oder als Erweiterung ihres Körpers. Bei meinem Vater war das genauso, aber bei der Auswahl der Ausstattung und Einrichtung des Fahrzeugs war er streng. *In der Fahrerkabine hatte ich damals immer einen kleinen Ventilator, einen Kassettenspieler und ein paar Aufnahmen Música sertaneja von Raul Seixas, Roberto*

*Carlos, Secos e Molhados und Nelson Gonçalves. Weil man auf*
*diesen Straßen im Nirgendwo fast nie Radio reinbekam ... Ich*
*war kein großer Fan von Sprüchen im Lkw. Der einzige Satz,*
*den ich auf die Stoßstange geklebt habe, hieß: »Meine Stärken*
*überdecken meine Schwächen.« Das war ein Zitat aus einem*
*Lied von Roberto Carlos, glaube ich. Als Jaques, der Spaßvogel,*
*den Spruch gesehen hat, meinte er: »Was denn für Stärken,*
*Didi?«*

Als ich 2002 in Russland an einer Astronomie-Olympiade
für Schüler teilnahm, fuhr ich mit dem Bus zu einem der
Observatorien, die wir besuchten, einem in den Sechzigern
gebauten Radioteleskop. Es war ein Apparat von mysteriö-
ser Größe. Ziemlich lange war es eines der modernsten der
Welt, und viele Entdeckungen zur kosmischen Hintergrund-
strahlung und zur Beschaffenheit der Sterne wurden dort gemacht. In Radioteleskopen wie diesem werden die aus dem
Weltraum kommenden Strahlen von Platten reflektiert, die
einen großen Kreis bilden, wie ein ovales Stadion aus Platten mit verstellbarer Neigung. Die Strahlen werden dann
von einem fahrbaren Empfänger aufgefangen, der am so
genannten »Fokus« platziert werden muss, je nachdem, welchen Teil des Himmels man beachten will und welche Neigung die Platten haben sollen. Zur Bestimmung der Position
dieser Gefährte verwendeten die russischen Wissenschaftler
alte, gelbe Maßbänder, die auf dem Boden lagen, einfach, bil-
lige Gegenstände, die meine Mutter zu Hause hat und die
man in jedem Kurzwarenladen erhält. Aber sie erfüllten ih-

ren Zweck, auch wenn sie sich nicht gut auf dem Foto machten und an einem Ort, der davon einmal abgesehen wirkte wie aus einem Tarkowski-Film, einen improvisierten und prekären Eindruck vermittelten.

Als ich anschließend wieder in den Bus aus der Sowjet-Ära stieg, sah ich, dass die Lüftungsdüsen aus zurechtgeschnittenen PVC-Rohren bestanden. Genau wie die im Radioteleskop auf dem Boden liegenden Maßbänder erfüllten sie ihren Zweck. Sofort dachte ich an meinen Vater, der solche Problem gewiss mit derselben Verachtung der Ästhetik gelöst hätte, die mich gerade staunen ließ. Und ich glaube, wenn er studiert hätte, wäre er ein Ingenieur sowjetischen Typs geworden.

Er mag tiefe Teller und biegt mit dem Messer die Zinken der Gabel auseinander: weil man mit den verbogenen Gabeln in Form einer platt gedrückten Hand das Essen besser aufspießen kann.

Alle Fernfahrer dürften einen Hang zum ästhetischen Funktionalismus haben. Ein Fernfahrer muss Probleme lösen können – was nicht heißen soll, dass er Schönheit nicht zu schätzen weiß –, aber er weiß, dass die Dinge vor allem funktionieren müssen, und wenn sie funktionieren, braucht man sie nicht zu verzieren oder mit zusätzlichen Schichten zu versehen. Teil der Mittelschicht zu werden, bedeutet vielleicht, dass man lernt, Schichten hinzuzufügen.

*Es war Ende der Siebziger. Regenzeit, Mitte Dezember. Ich lade in Porto Alegre eine Ladung Kastanien aus Belém ab, und der*

Typ sagt: »Jaú, ich hab eine Ladung Wein, die nach Boa Vista muss.« »In Ordnung, alles klar. Und bis wann?« »Bis Weihnachten.« »Das haut nicht hin«, habe ich gesagt, »Weihnachten ist schon in fünf Tagen, aber bis dahin braucht man mindestens neun oder zehn Tage, und bei dem Schlamm jetzt noch mehr«.

Ich hatte mich schon gefreut, in Porto Alegre abzuladen und Weihnachten zu Hause zu verbringen. Aber er ist mir so auf den Geist gegangen und hat einfach nicht locker gelassen … und dann hat er gesagt: »Bis du das geklärt hast, belade ich schon mal deinen Lkw.« Da bin ich eingeknickt. »Was muss denn geliefert werden?« »25-Liter-Flaschen Wein. Sechs Tonnen«, sagte er. Mein Lkw war Baujahr 1977, und ich hatte eine lange Federung eingebaut, weil der ganze Norden ein einziges Schlagloch war.

Der Typ hat mich gefragt: »Machst dus nun oder machst dus nicht?« Und ich habe gesagt: »Ich machs, aber ich komme erst nach Weihnachten an.« »In Roraima haben sie keinen Schluck Wein mehr«, hat er gesagt, »wenn du nach Weihnachten ankommst, bekommst du soundsoviel, aber wenn du es bis Heiligabend schaffst, gebe ich dir noch was extra. Und wenn nicht mehr als zehn Flaschen kaputt gehen, bekommst du noch mal was oben drauf.«

Ich hab den Wein aufgeladen, bin abends abgefahren und habe den Bundesstaat Rio Grande do Sul und Santa Catarina durchfahren. Es war fast schon wieder Morgen, als ich in Paraná eingefahren bin. Das muss so gegen vier gewesen sein. Dann hab ich an einer Tankstelle gehalten, geschlafen und *bin halb neun wieder aufgewacht. Ich wusste, dass ich es nicht schaffen würde, es war einfach nicht zu machen.*

*Bis dahin war die Straße asphaltiert, alles ruhig. Ich bin durch Paraná durch, in den Bundestaat São Paulo rein und habe ganz hier in der Nähe von Sorocaba Mittag gegessen. Nur zwanzig Minuten habe ich gebraucht. Dann bin ich wieder in den Lkw gestiegen, und zack, ab gings! Und plötzlich dachte ich mir, und da hat es mich gepackt: Wenn ich es bis zum Nachmittag nach Cuiabá schaffe, dann schaffe ich es vielleicht doch noch bis Weihnachten nach Boa Vista.*

*Die Straße führt einen an der Nase rum. Es kommt einem vor, als ob immer alles schief geht, wenn mans braucht, aber manchmal geht auch alles glatt.*

*Ich hab Mittag gegessen, getankt, und kein Mensch war unterwegs. Später habe ich mir ein belegtes Brot geholt und im Lkw gegessen. Es lief gut.*

*Dann war ich in Cuiabá. Ich habe geduscht, was gegessen und gedacht: Ich übernachte in Jangada, einem kleinen Ort, sechzig Kilometer von Cuiabá entfernt. Dort war die Straße schon aus Sand. Dann fahr ich im Morgengrauen los und schaffe es vielleicht bis nach Boa Vista.*

*Als ich in Jangada angekommen bin, habe ich mich hingelegt und bin früh morgens weitergefahren, habe auf die Tube gedrückt und bin fast bis Porto Velho gekommen. Alles Erde, Schlamm, Schlaglöcher, Pfützen. Das Risiko bestand im Morast oben im Amazonas. Ich bin fast bis Porto Velho gekommen, habe geschlafen und in Porto Velho mit der Fähre übergesetzt, um nach Manaus zu kommen. Von dort aus ging es* achthundert Kilometer eine Straße lang, die eine ganz schmale Asphaltschicht hatte, weshalb man in der Mitte fahren musste, da passten keine zwei Lkw nebeneinander.

In Manaus habe ich das letzte Fährstück zurückgelegt, bin durch die Stadt durch und habe direkt an der Mündung nach Boa Vista geschlafen. Bis dorthin gab es noch sechs Fährübergänge. Bis zum Ende der ganzen Strecke gab es keine einzige Brücke mehr.

Noch ein Stück weiter, dann schon in Roraima, bin ich am Indianerreservat angekommen, durch das man immer mit zwei, drei Lkws zusammen durch musste. Der Lkw, der schon vor mir gewartet hat, war leichter als meiner, weil er fast leer war, und hätte viel schneller fahren können als ich. Aber der Fahrer hat gemeint »Na los, Jaú, wir fahren zusammen, ich warte hier schon seit zwei Stunden auf dich.« Er hatte mich noch nie gesehen, weißt du? Der kam aus Goiânia, oder Anápolis, und hat nur Scherze gemacht, um mir zu helfen und zusammen ans Ziel zu kommen. Als wir durch das Land von den Indianern durch waren, ist er alleine weiter, und ich bin hinter ihm weiter meinen Weg gefahren.

Gegen halb sieben, sieben abends habe ich am Supermarkt in Boa Vista gehalten. Das war am 23. Dezember.

Es war ein guter kleiner Markt, der Größte in Boa Vista. Am nächsten Tag war schon Heiligabend. Der Chef dort hat gesagt, dass ich den Lkw auf den Parkplatz stellen soll. »Morgen früh schauen wir mal, was wir mit deiner Ladung machen.« Noch am selben Abend haben sie sich einen kleinen Transporter mit einem Lautsprecher auf dem Dach geschnappt und in der gan-

*zen Stadt verkündet, dass in Boa Vista Wein eingetroffen ist. Bis Mitternacht hat der Kleintransporter seine Runde durch die Stadt gedreht. Am nächsten Tag war alles voller Leute. Keine drei Stunden, und der Lkw war leer. Und gerade mal acht Flaschen sind kaputt gegangen.*

*Und dann habe ich Weihnachten dort verbracht, an einer Tankstelle. Am 26. Dezember habe ich versucht, an eine kleine Ladung nach Manaus zu kommen, aber es gab nichts. Ich bin leer gefahren, aber dort habe ich was für eine Fahrt nach Porto Velho aufgeladen, und von Porto Velho was nach São Paulo. Fünfzig Tage war ich unterwegs. Deine Mutter dürfte sich noch an diese Geschichte erinnern, wir waren zusammen, ich habe ihr sogar ein Geschenk aus Boa Vista mitgebracht.*

Zusätzlich zu ihrem starken Arbeitsethos, ihrem traditionellen, männlichen Ehrgefühl und ihrem Pragmatismus waren Fernfahrer von zwei weiteren wertvollen Ressourcen abhängig: Kameradschaft und Glaubwürdigkeit. Auf das Vertrauen von Mittelsmännern, Kollegen und Tankstellenbesitzern setzen zu können, war ein wertvolles Pfund, das einem Aufträge verschaffen und in Notsituationen helfen konnte.

*Ich war mit neun Tonnen Bohnen auf dem Weg nach Acre. In Mato Grosso bin ich in den Cerrado rein, das war eine Strecke ohne Straßen, da musste man richtig durch die Wildnis fahren. Nach weniger als einem Kilometer im Cerrado habe ich ein Ameisenloch erwischt. Die Ameisen fressen unter der Oberfläche die ganze Erde auf, oben sieht alles normal aus, aber unter drunter bildet sich eine Höhle. Als der Lkw dieses*

Ameisenloch erwischt hat, bin ich hängen geblieben, beziehungsweise eingesunken. Wir haben drei, vier Lkws vor meinen gehängt, aber nichts ist passiert, sie bekamen mich nicht raus. Die Hälfte meiner Ladung mussten wir vom Lkw runter holen. Wir haben eine Plane auf den Boden gelegt, damit die Bohnen nicht feucht werden, und die Hälfte der Ladung da drauf gepackt. Und dann, nur halb beladen, haben mich diese vier Lkws aus dem Ameisenloch rausgezogen. Und dann mussten wir bis zur Straße fahren, die halbe Ladung hinten im Lkw auf den Boden legen, zurückfahren und die Hälfte holen, die ich zurückgelassen hatte, und dann wieder zurückfahren und den Rest von der Straße einsammeln. Wir haben anderthalb Tage gebraucht, um den Lkw aus dem Loch zu kriegen.

Lkw-Fahrer, die regelmäßig ein bestimmte Strecke fuhren und an denselben Tankstellen hielten, kannten sich für gewöhnlich, selbst wenn sie sich nur wenige Male im Jahr sahen und sich zwischen den Begegnungen nicht austauschen konnten. Diese Bekannten, Freunde auf dem Asphalt, warnten sich gegenseitig vor Gefahren auf der Piste, erzählten von anderen gemeinsamen Freunden und teilten sich Aufträge. Und natürlich tranken und feierten sie auch zusammen. Sie waren die wichtigste Stütze für die Lkw-Fahrer, um mit einer grundlegenden Komponente ihrer Arbeit umzugehen: langen Stunden der Einsamkeit.

Damals war es wahnsinnig schwer, Bekannte zu finden, alles war so weit weg. Manchmal ist man einen ganzen Tag gefahren und keiner Seele begegnet, keinem Lkw auf der Straße, um mal ein paar Worte zu wechseln. Aber es war herr-

*lich, dass man jedes Mal, wenn man endlich den Lkw eines Be-*
*kannten sah, angehalten und zehn, fünfzehn Minuten geplau-*
*dert hat und so Freundschaften haben konnte.*

Wichtig war es auch, das Vertrauen der Tankstellenbesit-
zer und -betreiber zu gewinnen. Die Tankstelle am Straßenrand war für die Lkw-Fahrer eine feste Institution und zugleich Restaurant, Unterkunft, Werkstatt, Bar, Bordell,
Toilette, öffentlicher Platz, Kommunikationszentrale und
Geschäftssitz. Erfahrene Lkw-Fahrer gingen mit den Besit-
zern und Angestellten Kreditbeziehungen ein, was es ihnen
ermöglichte, Benzin auf Pump zu kaufen und erst auf dem
Rückweg zu bezahlen, wenn sie bereits den größten Teil ihrer
Auftragssumme erhalten hatten.

Auf vielen Abschnitten im Amazonas lagen riesige Entfernungen zwischen den Tankstellen, was die Fahrer dazu
zwang, auch einen Teil ihres Treibstoffs zu transportieren.
*Für die Strecke rauf nach Boa Vista musste man von São Paulo*
*aus ein Fass mit 200 Litern mitnehmen, zusätzlich zu dem gro-*
*ßen Tank am Lkw. Man musste oft auf Fähren übersetzen, weil*
*es damals kaum Brücken gab, und es reihte sich ein Fluss an*
*den anderen. Außerdem musste man immer eine Axt und eine*
*Machete dabei haben, weil auf der Straße ständig umgefallene*
*Bäume lagen, die man kleinhacken und an den Rand schlep-*
*pen musste, damit man weiterfahren konnte.*

Die endlosen Stunden waren gefüllt mit Bergen an Zigarettenschachteln, fettigem Essen, Bratwürsten, viel Alkohol.
Nächten ohne Schlaf, um eine zusätzlich Fahrt machen zu

können. Viele Fahrer nahmen Speed – eine auf den Straßen recht beliebte Art von Amphetamin – und andere Drogen, um wach zu bleiben. Mein Vater schwört, dass er nie Speed genommen, nie Kokain geschnupft oder Marihuana geraucht hat. Ich glaube ihm nicht, aber ich insistiere auch nicht.

*Von São Paulo nach Belém in Pará hat man damals normalerweise sechs Tage gebraucht. Die Gemüselaster mussten es in drei Tagen schaffen, 72 Stunden von der Abfahrt in Ceasa in São Paulo bis zum Hauptmarkt von Belém, weil sonst alles verdorben war. Sie fuhren volle Pulle, voll auf Speed, drei Tage und drei Nächte ohne Schlaf. Und oft haben sie es nicht rechtzeitig geschafft, weil die Straße miserabel war.*

Sie hatten das Radio laut aufgedreht, damit sie nicht müde wurden: *Es gab einen Abschnitt der Transamazônica, der fast fünfhundert Kilometer immer geradeaus durch dichten Wald ging, ein Waldtunnel ohne Tankstelle oder irgendein Dorf oder irgendwas auf dem Weg. Meine größte Angst war, einzuschlafen und mit dem Lkw umzukippen, und darum habe ich das Radio laut aufgedreht und mitgesungen, aus voller Kehle geröhrt, um nicht einzuschlafen, mich nicht auf die Seite zu packen, nicht gegen einen Baum zu knallen.*

*Am schwersten so weit weg von der Familie war es an den Feiertagen, Weihnachten und Ostern, wenn alle zusammenkommen. Ich hab schon immer eine große Familie gehabt, zu den Festen haben sich immer alle bei meinen Großeltern getroffen, und später dann hab ich euch gehabt. Und egal, wie sehr man versucht, gelassen zu sein, es kommt immer ein Gedanke, der einen daran erinnert, dass man weit weg ist und die Familie zu Hause. Es ging gar nicht anders, ich musste mit der Traurigkeit leben und mich dran gewöhnen. Und da habe ich dann immer das Radio in der Kabine angemacht, irgendeine Musik gehört, die mich berührt hat, mich an meine Kinder und meine Frau erinnert hat, und dann kamen die Gefühle und die Sehnsucht, und ich bin weitergefahren, bis ich da war. Das war das Leben.*

Die Körper von Fernfahrern aus der Generation meines Vater waren gezeichnet von den Kämpfen, Herausforderungen und Lastern dieser Welt. Viele von ihnen wurden von verschiedensten Herz- und Gefäßerkrankungen oder orthopädischen und hepatischen Erkrankungen heimgesucht. *Dito? Starker Alkoholiker, der ist völlig fertig, ist schon drei Mal fast an einer Leberzirrhose gestorben. Valdir hat wegen Diabetes ganz jung beide Füße verloren. Aristeu hat einen Schlaganfall gehabt und liegt schon lange nur noch im Bett. Und Zelão ist gestorben, woran weiß ich nicht, aber er war noch jung.*

Mein Vater: Herzinfarkt mit 48, vier Venenbypässe und einen Brustwandbypass, mehrere Herzkatheteruntersuchungen. Eine Blinddarmentzündung mit 52, eine Entfernung der Gallenblase Jahrzehnte zuvor. Siebenundzwanzig Tabletten über den Tag verteilt, seine umfangreiche Pharmakopöe, wie Barthes diese chemischen Prothesen nennt, die den kranken Körper begleiten, wohin er auch geht. Seine Wanderapotheke bringt die Krankenschwestern ins Schwitzen, die sich während seiner Krankenhausaufenthalte an dieses drakonische

Regime halten müssen (häufig geben sie auf und bitten mich oder meinen Bruder, ihm die Tabletten zu verabreichen, was gegen das Protokoll verstößt, demzufolge sie Sorge für ihn tragen, aber die Wahrscheinlichkeit erhöht, dass seine Medikamentenbehandlung ordnungsgemäß erfolgt).

Mit dreißig eine schwere Malariaerkrankung: *Ich bin mit Schüttelfrost von Rondônia nach Jaú gefahren, nachdem ich mir in einer Apotheke in Porto Velho eine Spritze gekauft und verabreicht hatte. Ich habe mir ein Stück Lkw-Schlauch abgeschnitten und zum Abbinden benutzt, und dann habe ich mich selbst gespritzt. In Jaú bin ich dann ins Krankenhaus gekommen, und sie haben dort alle möglichen Untersuchungen mit mir gemacht und mir Medikamente verabreicht, aber es wurde nicht besser. Man wusste hier in São Paulo nicht, wie man Malaria behandelt. Neun oder zehn Tage bin ich im Krankenhaus geblieben. Ich war schwach, kurz vorm Sterben, und sie wollten mich aufschneiden, um zu sehen, was los war, aber ich wollte nicht operiert werden und habe mich mitten in der Nacht aus dem Staub gemacht. Damals hat es mehrere Tage gedauert, bis die Untersuchungsergebnisse kamen, aber später haben sie dann bestätigt, dass es Malaria war. Und da habe ich eine Bluttransfusion und Medikamente bekommen und bin wieder gesund geworden.*

Im Nacken weist seine Haut tumorartige Veränderungen auf, die eines Tages entfernt werden müssen. 2015 folgte ein weiterer »kleiner Herzinfarkt«, wie der Kardiologe es nannte, der ihm zusätzlich noch drei Stents bescherte. In seinem Herz gibt es noch eine teilweise verstopfte Arterie – die Ärzte entschieden, nicht zu operieren, weil es zu riskant wäre. In dem Bein, aus dem ihm Venen für seine Bypassoperation entnommen wurden, hat er schreckliche Krämpfe, von denen er mehrmals in der Nacht wach wird.

Er hat Schmerzen in den Knien und Schultern, Wasser in den Beinen, und das linke Bein gehorcht ihm manchmal nicht. Zwei gewaltige Leistenbrüche zieren seinen Unterbauch. Ein seltsames Taubheitsgefühl und Kribbeln fährt ihm manchmal in Nase und Stirn. Erst nach seinem zweiten Herzinfarkt stimmte er widerwillig zu, sich mit 72 in den Ruhestand zu begeben. Und jetzt: der Krebs.

Zu den Fertigkeiten, die mein Vater in seinen fünfzig Jahren auf der Straße erworben hat, gehört die bemerkenswerte Fähigkeit, Frachten im vorhandenen Raum richtig zu verstauen. Schlecht verstaute Frachten können zu Tragödien führen. Mein Vater erzählte von einem Unfall, den er im Osten von Pará erlebt hatte: *Ich war der erste an der Unfallstelle. Der Fahrer eines Lkws mit Baumstämmen muss eingeschlafen sein und ist an einem Abhang frontal in einen Bus reingefahren. Die Baumstämme waren wahrscheinlich schlecht befestigt, darum ist einer von der Ladefläche geschossen, hat die Kabine des Lkws abgerissen, dann den Bus durchbohrt und ist zur Heckscheibe wieder raus. In dem Bus haben 51 Menschen gesessen. Man hat die Wärme von dem Blut auf dem Asphalt gespürt. Damals kam der Bus nur einmal am Tag, oder alle zwei Tage, darum haben sogar Leute oben auf dem Dachgepäckträger gesessen. Und als es zur Katastrophe gekommen ist, hat nur eine Person überlebt. Der Typ, der am Leben geblieben ist, ist verrückt geworden, er hat sein Leben an einer Tankstelle dort verbracht; die Leute haben ihm geholfen, manchmal hat er den Vorplatz gekehrt, manchmal hat er nichts gemacht. Und die Leute aus der Gegend haben an der Unfallstelle fünfzig weiße Kreuze aufgestellt. Als ich mit deiner Mutter in den Flitterwochen in Pará war, habe ich ein Foto von den Kreuzen gemacht, aber sie hat es weggeworfen. Es hat ihr nicht gefallen.*

Es ist also wichtig, dass man die Dinge richtig verstaut. Die Anforderungen, die die Frachten an ihn stellten, verliehen ihm so etwas wie einen Doktortitel honoris causa in angewandter Geometrie. Im Supermarkt einfach nur einen Einkaufswagen vor den Augen meines Vaters zu füllen, ist eine undankbare Aufgabe, weil jeder Anordnungsversuch immer unter seinen Erwartungen zurückbleibt, so als hinge von der Verteilung von Milchkartons, Eierschachteln, Gemüse und Reinigungsmitteln auf diesem Raum das Schicksal der Menschheit ab.

Die Krankheit, lernen wir schnell, hält sich an keine Geometrie. Sie fordert unsere geistige Fähigkeit heraus, die Wege zu visualisieren, auf denen Flüssigkeiten fließen, die Überlappung von Organen zu kartieren, uns die inneren Windungen vorzustellen und die Ausmaße des Tumors zu begreifen.

Auf dem Computerbildschirm zeigt uns der Urologe eine riesige Masse, »drei Mal größer als normal«, die auf die Eingeweide drückt und schon die Blase befällt. Die gewaltig vergrößerte Prostata quetscht die Harnröhre ab und verhindert, dass der Urin an sein natürliches Ziel kommt. Eine weitere Operation ist erforderlich, eine »Prostataausschälung«. Bei diesem Eingriff wird jedoch nicht die Blase gerettet, die dank des jahrelangen unfreiwilligen Trainings zur Überwindung der von der Prostata verursachten Blockaden inzwischen zu einem muskulösen Organ geworden ist. Mein Vater geht von der fatalen Unfähigkeit zu urinieren zur Inkontinenz über, ein unbefriedigendes Ergebnis für die komplexe Konstruktion aus Pumpen, Speichern, Kanälen und Flüssigkeiten in seinem Unterleib. Dieser hartnäckig anti-euklidische Körper bekommt neue Knicke, Löcher, Kuhlen und Falten hinzu. Von der Zeit zerfressene und von den Händen der Chirurgen veränderte Formen. In seinem kranken Körper führen diese verschlungenen Bahnen, die erschlafften Blasen und die rötliche Materie aus dem Körper hinaus und verbinden sich mit Beuteln, Schläuchen und Sonden, industriellen Anhängseln, die, mit unserer begrenzten kartesischen Intelligenz erschaffen, so seltsam erscheinen, wenn sie mit dem organischen, gewundenen Körper verbunden sind. Quadratische Pflaster, Beutel mit hermetischen Verschlüssen, gummierte Saugnäpfe, synthetische Versuche, all dem eine Ordnung zu verleihen, was viszeral, skatologisch und dieser zähflüssigen Dimension des Menschlichen eigen ist, die uns so vertraut ist, sich aber unserer Fähigkeit entzieht, sie zu beschreiben. So als könnte das Wort erst dann zum Vorschein kommen, wenn wir die Farce akzeptieren, dass wir nicht Därme, Harnröhren, Prostata, Urin, Haut, Haare und Scheiße sind, so als könnte die Zivilisation nur dann

existieren, wenn wir diese verbotenen Windungen und Ma-
terien verbergen, die uns mit unserem eigentlichen Dasein
als Tiere konfrontieren.

Vom Knöchel bis zur linken Leiste trägt mein Vater die Spuren von Blutgefäßen, die entfernt wurden, um sein Herz zu
flicken, und von den Schnitten der verschiedenen Kathete-
risierungen. Auf seinem Bauch sind die Narben der Blind-
darmoperation und das fleischfarbene Stoma, umgeben von
einem beängstigenden Leistenbruch, zu sehen; außerdem
eine gewaltige rosafarbene Narbe in der Mitte seines Bauchs,
die von einer Gallenblasenoperation vor Jahrzehnten her-
rührt. Eine weiterer dünner, weißer Strich teilt seine Brust.
Er erinnert sich an die anderen, für Außenstehende un-
sichtbaren Spuren: die Phimosen-Operation, zwei Katarakt-
operationen und den inneren Ablauf der Prostataausschälung. Von seinen Füßen bis zu seinem Hals zeichnen Narben
die vertikale Achse seines Körpers, ein Meridian, der ihn in
zwei Hälften teilt wie eine in die Haut gerissene Straße.

# NESTOR

*Die meisten Fahrten habe ich mit meinem Freund Nestor gemacht, einem Fahrer hier aus Jaú. Wenn ich auf der Piste was brauchte, hat er mir geholfen, und ich ihm. In meinen ersten Jahren im Lkw, als ich mich noch in den Beruf reingefuchst und das Land kennengelernt habe, war er mein Partner. Zusammen haben wir viele Ecken gesehen.*

*Er ist jung gestorben, der arme Kerl. Mit noch nicht mal fünfzig. Er ist schon ziemlich lange tot. Woran er gestorben ist, weiß ich nicht mehr. Das mit seiner Gesundheit war so ne Sache, er hatte eigentlich immer irgendwas. Jedenfalls ist er viel zu früh gestorben.*

*Mit ihm zusammen habe ich oben im Norden von Mato Grosso, fast schon an der Grenze zu Rondônia, ein Ufo gesehen.*

*Es war nichts los auf der Straße, es war stockdunkel. Es war eine mondlose Nacht, und es gab überhaupt kein Licht auf der Straße, keine einzige Stadt auf dem Weg. Nestor und ich waren jeder in seinem Lkw unterwegs.*

*Ungefähr auf der Hälfte der Strecke sehen wir auf einmal vier kleine, rote Lichter, mitten im Wald neben der Straße, als wären es die Lichter von einem Flugzeug, wenn es oben in der Luft einen Bogen fliegt. Nur dass die Lichter tief standen, ganz* in unserer Nähe waren und sich mit derselben Geschwindigkeit bewegt haben wie wir. Sie sind uns gefolgt.

Nestor und ich sehen das. Ich fahre vorneweg. Wir fahren noch eine halbe Stunde, vierzig Minuten so weiter. Dann halten wir beide an, und ich sage zu ihm: »Nestor, siehst du das?« »Ja, ich sehe es schon eine ganze Weile, ich wollte dir schon Lichthupe geben, damit du anhältst.« »Aber was kann das sein? Oder was lieber nicht?« »Mir egal, was es ist, schnell weg hier.«

Wir fahren also ein Stück weiter und sind nicht mehr weit von einem Telefonturm von Embratel weg. Aber bevor wir ankommen, überqueren diese vier Lichter über unseren Köpfen die Straße. Sie bewegen sich auf die andere Straßenseite und bleiben dann ungefähr hundert Meter von der Straße entfernt stehen. Genauso weit, wie sich die Lichter nach rechts bewegen, bewegen sie sich nach links. Und halten dann an. Nestor fährt zu dem Zeitpunkt vor mir, und ich halte mit meinem Lkw ungefähr zwanzig Meter hinter ihm an.

Und dann steigen wir aus, gucken. In dem Moment, als wir anhalten, sind es nicht mehr nur die Lichter, sondern es ist auch laut, nicht nur wie ein starker Wind, eher wie ein Schweißgerät.

»Mein Gott, was kann das nur sein? Oder eben nicht?«

Wir bleiben stehen und schauen zu den Lichtern und reden verängstigt miteinander. Und auf einmal sehen wir, wie eine Gestalt aus dem Licht kommt und sich in unsere Richtung bewegt.

»Guck mal, da ist irgendwas! Siehst du die Gestalt, siehst du die, Nestor?«

*Die Gestalt sah aus wie ein Mann mit einem langen Um-hang, der in unsere Richtung kam. Nestor springt also in sei-nen Lkw und ruft »Nichts wie weg, nichts wie weg«. Und schon sitzt er drinnen und fährt los, sein Lkw steht genau neben uns, aber bis ich die zwanzig Meter zu meinem Lkw gerannt bin, Junge, ich kann dir sagen ... Es kam mir vor, als wäre ich einen ganzen Tag gerannt und nicht angekommen. Als würde dieses Monster mich wegschnappen und mitnehmen.*

*Wir sind losgerast. Die Lichter haben uns noch ein Stück verfolgt und waren irgendwann weg. Die Lichter sind aus-gegangen, und wir haben sie nie wieder gesehen ... Die Gestalt nicht, die Lichter nicht, auch das Geräusch haben wir nicht mehr gehört. Sie haben sich in Nichts aufgelöst.*

*So gegen halb vier nachts sind wir in dem Dorf am Telefonturm angekommen. Wir haben die Lkws geparkt und geschlafen.*

*Wir haben dann herausgefunden, dass es auf diesem Stück dort spuken soll.*

*Am nächsten Tag haben wir mit einem Typen in der Bar dort in der Nähe gesprochen, und er hat uns erzählt, dass auf dieser Straße schon viele bei Auto- oder Busunfällen gestorben sind ... Es standen sogar Kreuze am Rand.*

*Ein Japaner war mit seiner Familie unterwegs, hatte sich überschlagen und ist zusammen mit seiner Frau und seinem Kind gestorben – das war kurz vorher passiert.*

*Der Typ in der Bar meinte, auf dem Stück Straße würde es einen Geist geben, der die Fahrer verfolgt. Aber das glaube ich nicht. Das hatte nichts von Spuk, dieses Ding war kein Geist.*

Ich habe keine Ahnung, was ich gesehen oder nicht gesehen habe.

Danach habe ich mich viel mit Leuten unterhalten, die was davon verstehen, und sie denken, dass es ein Außerirdischer war. Pfarrer Luiz hat mir auch bestätigt, dass das ein Ufo war. Ich habe ihm die Geschichte so erzählt wie dir jetzt, und er hat gesagt: »Du kannst dir sicher sein, dass das ein Außerirdischer war, der euch da verfolgt hat«.

Schade, dass mein Freund Nestor schon tot ist. Sonst könnte er dir die Geschichte genau so bestätigen, wie ich sie dir erzähle.

Von Nestor weiß ich auch, wie man auf dem Lkw-Auspuff grillt. Oben auf der Auspuffanlage sitzt eine Platte, die glühend heiß wird. Sie befindet sich am Motor, nicht am Rohr, das die Abgase nach außen leitet. Die Platte besteht aus Gusseisen, ist am Motor befestigt und gewölbt, so groß, dass man ein, zwei Kilo Fleisch reinlegen kann. Wenn man da morgens oben drauf ein Stück Fleisch festgebunden hat, ist es mittags, wenn man angehalten hat, durch gewesen. Und das schmeckt lecker, richtig lecker. Oder man hat sich das Essen schon mittags fertig gemacht und für abends in einen kleinen Topf gefüllt. Damit man abends nicht noch Feuer machen musste, haben wir die Motorhaube geöffnet und die Dose oben auf die Auspuffanlage gestellt, die noch heiß war, wenn wir nach einem langen Tag angehalten haben. Dann konnte ich mich an der Tankstelle duschen, einen Schnaps trinken, zurückgehen und mir den Topf mit dem warmen Essen holen. Das war das Leben.

*Er hat schon vor mir als Fahrer angefangen, der Nestor, er war ein bisschen älter. Onkel Nerso ist gestorben, Nestor ist gestorben, Jaques ist gestorben. Laércio ist auch gestorben, weil er zu viel getrunken hat. Er hat ständig getrunken: zu Hause, in der Bar, im Lkw. Die ganze Zeit getrunken.*

*Ich glaube, von meinen ganzen Freunden sind nur noch zwei übrig. Und ich.*

# NICHTS ALS TÖTEN

*Ich will mein Opernhaus! Ich will eine Oper haben! Diese
Kirche bleibt geschlossen, bis diese Stadt eine Oper hat!*
**Fitzcarraldo**
**von Werner Herzog**

Am 19. August 2019 konnte man in São Paulo schon um drei
Uhr nachmittags kein Sonnenlicht mehr sehen. Ich dis-
kutierte mit meinen Studenten *Der achtzehnte Brumaire des
Louis Bonaparte* – die klassische Schrift, in der Karl Marx
analysiert, wie verschiedene Volksgruppen und reaktionäre
Eliten von einem, zuweilen sogar als dumm und vulgär be-
trachteten Anführer mobilisiert wurden, um im Dezember
1851 in Frankreich eine autoritäre Regierung zu errichten. An
den Anfang dieses Texts stellt Marx den berühmten Gedanken, dass sich alle großen weltgeschichtlichen Tatsachen und
Personen zwei Mal ereignen, »das eine Mal als Tragödie, das
andere Mal als Farce«.

Wenn Marx anwesend gewesen wäre und seine These zur
Wiederholung der Geschichte hätte illustrieren wollen, hätte
er die Studenten auffordern können, aus dem Fenster zu

schauen: eine dunkle, schmutzige Wolke nahm den Himmel über São Paulo in Beschlag. Wie Benjamins Engel der Geschichte forderte uns das graue Ungeheuer dazu auf, auf die Trümmer der Vergangenheit zu starren und auf das dumme Beharren, unsere Katastrophe in immer tragischeren Formen zu reinszenieren. Diese düstere Himmelsdecke war die übermäßig didaktische Inkarnation unserer unheilvollen Gegenwart und unserer Geschichte der Zerstörung. Als Ergebnis einer Saison krimineller Brände im Amazonasgebiet und im westlichen Zentrum kondensierte die Wolke allegorisch die beschleunigte Zerstörung der Wälder, die immer weiter zunehmenden sozio-ökologischen Verbrechen, das Meer an Müllhalden, das ganze Dörfer wegspült, die Quecksilbervergiftung der indigenen Völker des Amazonas und eine Präsidentschaftswahl, die aus jeder Form von Tragödie einen Grund zum Feiern machte.

Am grauen Himmel von São Paulo vereinte sich die Tragödie der Vergangenheit mit der autoritären Farce der Gegenwart und verwies auf eine Zukunft in Trümmern.

Meine ersten Erinnerungen an den Amazonas-Regenwald, an seine Flüsse und Straßen, seine indigenen Völker und Flussbevölkerung, stammt aus den Geschichten meines Vaters. Erzählungen von seinen Reisen durch die Region bereicherten mein kindliches Vokabular, meine sentimentale Geographie, die Mythologie eines reisenden Vaters und eines unfassbar großen Landes.

*Wer mit dem Lkw durch den Amazonas gefahren ist, da-*

*mals in der Zeit, als sie den gerade erst erschlossen haben,*
*musste ein Abenteurer sein. Restaurants oder Läden gab es*
*so gut wie keine, nur diese kleinen Verkaufsstände am Stra-*
*ßenrand. Das nahrhafteste Essen, das sie dort hatten, war*
*Maniokmehl. Es gab jede Menge Fisch: Trockenfisch und Fisch*
*jeder Art. Es gab viel Wildfleisch. Paka, Gürteltier, Aguti, Rot-*
*wild, Anakonda, von solchen Sachen haben wir uns ernährt.*
*Das Unternehmen, das die Straße gebaut hat, hatte ein Team*
*aus Jägern, das die Tiere erlegt hat, damit wir essen und ar-*
*beiten konnten. In der Zeit sind viele Leute aus dem Süden ge-*
*kommen, aus Mato Grosso und aus dem Nordosten, aber als*
*die Straße dann fertig war, sind es noch viel mehr geworden.*
*Da kamen die Leute wirklich in Scharen.*

Die Transamazônica (Br-230), ein größenwahnsinniges Vorhaben, das auf dem Landweg den Atlantik und den Pazifik verbinden sollte, galt als Versprechen, Brasilien zu Beginn der siebziger Jahre zu bedeutender Größe zu verhelfen. Die über viertausend Kilometer lange Ost-West-Verbindung sollte durch sechs Bundesstaaten führen, vom Atlantik im Nordosten bis zur peruanischen Grenze, und versprach, der große Korridor zu sein, durch den Arbeiter aus dem Nordosten hinein kommen, und Holz, Gold, Vieh und die auf den abgeholzten Waldböden angebauten landwirtschaftlichen Produkte hinaus transportiert werden würden.

Für mich war die Transamazônica als Kind »die Straße von meinem Papa«.

Der Bau riesiger Infrastrukturprojekte wurde Anfang der siebziger Jahre, der blutigsten Zeit der Militärdiktatur unter dem Kommando von General Médici, besonders vorangetrieben. Die Regierung kündigte die Transamazônica als spektakuläre Umsetzung nationaler Ingenieurskunst an, die in Übereinstimmung mit der Doktrin der Nationalen Sicherheit die Besiedlung des Nordens sichern und die rasche Entwicklung des Landes vorantreiben, Schutz gegen fremde Eindringlinge bieten und zugleich die Armut und Konflikte im ländlichen Raum des Nordostens bekämpfen würde.

Das pharaonische Werk sollte – in der Sprache der damaligen Zeit – die »Menschen ohne Land« des Nordostens mit dem »Land ohne Menschen« des Urwalds verbinden. Es sei wichtig, die »grüne Hölle« zu besetzen, zu durchdringen und zu »integrieren statt vor ihr zu kapitulieren«. Médici bezeichnete den Bau der Fernstraße als »das größte Abenteuer, das je ein Volk auf der Erde erlebt hatte«. Bei der Einweihung eines Abschnitts der Straße 1972 verkündete der damalige Verkehrsminister Mário Andreazza: »Endlich ist der Amazonas besiedelt. Brasilien wächst. Das Heimatland verfügt über mehr Größe. Und seine Kinder haben mehr Vertrauen in ihr eigenes Schicksal.«

Die Straßen waren die Vorhut dieses aggressiven Projekts, und mein Vater war einer von Tausenden Arbeitern, die an ihrem Bau beteiligt waren. Er transportierte Steine, Sand, Kies, Vorräte und Grundbedarf für die Bauarbeiter und das Militär, das die Arbeiten begleitete. Oft wurde er angeheuert, um in seinem Lkw Soldaten mitzunehmen. Die traurige

Oper des Fortschritts im verwüsteten Amazonas wurde inszeniert von Kettensägen und Maschinengewehren, Landräubern und Leibwächtern, Soldaten und jungen Prostituierten, Lkw-Fahrern und Kleinbauern auf der Suche nach Land und Arbeit, angestellten Bauarbeitern, Armen vor Ort und aus anderen Ecken des Landes, den verschiedenen Gesichtern unserer Verdammten dieser Erde im Dienste der »großen Geschäfte der Nation«.

*Es hat schon Ende der Sechziger viele Sägewerke gegeben, aber als es immer mehr Straßen geworden sind, ist das Holzgeschäft regelrecht explodiert. Als ich in den Sechzigern und Siebzigern durch Acre gefahren bin, hat man überall nur noch Holzfällerkolonnen gesehen, diese Züge mit Lastern, die die Baumstämme aus dem Wald geholt haben. Damals war nicht die Rede davon, den Wald zu erhalten, davon habe ich nie was gehört. Kirsche, Mahagoni, Kastanie … Auf diesen Nebenflüssen konnte man zweihundert Baumstämme schwimmen sehen, einer am anderen festgemacht. Sie sind den Fluss runter getrieben, bis zu einer Stelle, von wo aus man sie mit dem Lkw weiter transportieren konnte.*

Den Arbeitern, die von diesen sich ausdehnenden Grenzen angezogen wurden, verkaufte man die Abholzung des Waldes als notwendigen Beitrag zum kollektiven Fortschritt und zu einem würdevollen Leben. Viele von ihnen ließen sich im Prozess der Abholzung und Besetzung öffentlichen Landes letztlich als einfache Arbeiter dort nieder. Andere besiedelten die Außenbezirke der sich immer stärker aussweitenden Städte, verarmte urbane Zentren, deren Wirtschaft bis heute von der Ausbeutung des Waldes, der Minen und einer langen Kette von Aktivitäten am Rande der Legalität lebt.

*In jeder Stadt, durch die wir gefahren sind, hat es am Straßenrand ein Sägewerk gegeben. Wir haben viele Holzarten transportiert. Mein Bruder Nerso hat fast nur Holz von dort hergebracht; ein paar Mal habe ich auch welches transportiert. Ich fand schon, dass das Zerstörung ist. Ich habe geahnt, dass das nichts Gutes ist, aber das war damals für niemanden ein Thema, man hat gedacht, der Wald reicht ewig. Man wurde dazu ermuntert, und wir mussten überleben.*

Anfang der siebziger Jahre hat mein Vater die Region Araguaia Dutzende Male durchquert. Dort, zwischen dem Südwesten von Pará und Tocantins, verfolgte die Diktatur junge Revolutionäre und lokale Bauern in einem der blutigsten Kapitel der brasilianischen Militärdiktatur. Inspiriert von den Revolutionen in Kuba und China kamen diese jungen Militanten vor allem aus dem Süden und Südwesten des Landes. Die Bauern nannten sie »Paulistas« oder »Studenten«.

Es war eine Region von Kleinbauern, meistens arme Migranten aus dem Nordosten, die sich dort niedergelassen hatten, um dem Elend und der Unterdrückung auf dem Land zu entfliehen. An ihren Herkunftsorten waren »die Dürre und der Zaun« der Feind. Otávio Velho weist in seiner klassischen Studie über die Grenzen der Expansion im Amazonas in den fünfziger und sechziger Jahren darauf hin, dass diese riesige Masse an armen, landlosen Bauern in der geographischen Mobilität eine Chance sah, dem zu entkommen, was sie als »Knechtschaft« bezeichnete: Arbeit, für die man auf politisches Geheiß der Großgrundbesitzer des Nordostens und Zentralbrasiliens im Gegenzug so gut wie nichts bekam. Dieser Zustand bezog sich auf die Knechtschaft der Sklaverei und ihr materielles und symbolisches Fortbestehen im Leben dieser Bevölkerungsgruppen.

Die Fremden gründeten im Amazonas neue Dörfer und Städte mit biblischen Namen, eine ganze Reihe von Kanaans, Gelobten Ländern und Neuen Jerusalems. Die Mehrheit dieser Migranten im Nordosten siedelten sich in den sechziger und siebziger Jahren ohne staatliche Hilfen oder die Unterstützung anderer Stellen in diesen Gebieten an. Das änderte sich in den Jahren darauf, als die Regierung einige offizielle »Kolonisierungs«-Programme auflegte, die erneut Ströme ländlicher Migranten, viele von ihnen aus dem Süden, durch eine Reihe finanzieller Anreize und Steuervergünstigungen anlockten.

Die Zerschlagung der Guerilla von Araguaia rund um die neu eröffnete Transamazônica war einer der sadistischen Schauplätze der Diktatur, denen durch den *AI-5*, den Institutionellen Akt Nr. 5 von 1968, Tür und Tor geöffnet wurde. Von den schätzungsweise achtzig Guerilleros überlebten nur wenige den Einmarsch Hunderter Soldaten in den aufeinanderfolgenden Militäroffensiven zwischen 1972 und 1974.

Viele der örtlichen Bauern von Araguaia, die keinerlei politische Verbindung zu den jungen Regimegegnern hatten, wurden Opfer der gleichen Gewalt. Zeugen dieser staatlichen Brutalität berichten, dass der Strom in Form von nackten Drähten zu ihnen kam, die von den Militärs bei ihren Folterungen verwendet wurden.

An diesen Expansionsfronten lebten die Fernfahrer Seite an Seite mit dem Militär. Bei den alltäglichen Begegnungen ging Kameradschaft manchmal in Konfrontation über, und nicht immer besaß die andere Seite die Autorität.

*Wir waren unterwegs, um eine Ladung von Porto Velho nach São Paulo zu bringen. Als wir nach Pimenta Bueno, oben in Rondônia gekommen sind, war die Straße gesperrt. Ab da ist der Schlamm so tief gewesen, dass keiner mehr weiter fahren konnte, nicht mal der Militärjeep. Die Soldaten haben dann zwei landwirtschaftliche Maschinen quer auf die Straße gestellt, und es hat sich eine riesige Lkw-Schlange gebildet, die da durch wollte. Ich stand an fünfter Stelle.*

*Wir haben da gestanden, und es hat Tag und Nacht geregnet. Die ganze Zeit. Vier ganze Tage hat die Lkw-Schlange da festgesteckt. Über hundert Lkws. Dann ist der fünfte Tag gekommen. Und was haben wir gemacht? Wir haben gesagt, morgen fahren wir weiter. Es ging nicht anders. Die meisten haben zugestimmt. An dem Militärposten hat es nur sechs Soldaten gegeben, und zwei Traktoren quer auf der Piste. Aber solange die da standen, ist man nicht vorbei gekommen.*

*Aber da war dieser eine Fahrer, Paulão, und der hat zu mir gesagt: »Wenn ich den Traktor da weg hole, fährst du dann durch, Jaú?« Und ich habe ja gesagt.*

*Er ist also hin, hat einen der Traktoren von der Straße ge-*
*holt, und dann sind Joel, Jaques, Bastião, Catarina und Goiâ-*
*nia durchgefahren. Sechs Lkws waren wir.*

*Und plötzlich ist es zur Sache gegangen.*

*Einer von den Soldaten ist auf den Lkw gesprungen und hat*
*mir eine Pistole an den Kopf gehalten. »Halt gefälligst an, sonst*
*knall ich dich ab!« Und ich hab gesagt: »Das lässt du schön*
*bleiben, dafür bist du nicht mutig genug. Guck mal, wie viele*
*Lkws hinter mir stehen.« Und er hat nicht geschossen. Er ist*
*vom Lkw runter gesprungen und hat am Straßenrand zugese-*
*hen, wie meine Kumpel vorbei gefahren sind. Und so sind wir*
*da durch.*

*Vier Tage und vier Nächte haben wir ohne Pause geackert,*
*um durch die fünfzig Kilometer Schlamm da durchzukommen.*

*Aber dann habe ich zu den anderen fünf vor mir gesagt.*
*»Wir sollten uns bereit machen, weil wenn wir nach Vila Ron-*
*don kommen, beballern die uns von der Seite, darauf könnt ihr*
*euch schon mal einstellen. Entweder sperren die uns ein, oder*
*es kommt noch schlimmer.« Dort hat es noch einen anderen*
*Militärposten gegeben. Als wir es durch den Schlamm durch*
*geschafft hatten, sind wir da raus gekommen. Der Komman-*
*dant von dem Posten hat uns wütend angebrüllt: »Ist es das,*
*was ihr wolltet?« Und ich habe zu ihm gesagt: »Die Soldaten*
*an dem anderen Posten haben überhaupt nichts gemacht, also*
*mussten wir es selbst in die Hand nehmen. Wir wissen, wie*
*man im Schlamm fährt. Wenn es Löcher gibt, schnappen wir*
*uns einen Eimer, füllen da Steine rein und die Löcher auf und*
*fahren drüber. Wenns sein muss, zieht einer den anderen. Und*

*nur das haben wir machen wollen. Also haben wir uns durch*
*den Schlamm gekämpft und können jetzt weiterfahren.« Er*
*antwortete: »Na dann fahrt mit Gott. Möge Gott euch beschüt-*
*zen. Behaltet euch diese Einstellung.«*

*Da haben wir fünf vor Freude und Erleichterung gejohlt,*
*weil wir ja schon dachten, dass die sich uns jetzt schnappen.*

*Zé, du sagst immer, du gehörst zur Linken, aber was heißt das*
*genau?*, hat mich mein Vater neulich gefragt, als er hörte, wie
ich über irgendeinen Politiker in Fernsehen schimpfte.

Obwohl er jahrelang auf den riesigen Baufeldern gelebt
hat, die als Postkartenmotive des autoritären Regimes dienten, spricht mein Vater selten von der Diktatur. Das Wort
taucht in unseren stundenlangen Gesprächen nicht auf, so
als würde er die Diktatur auf irgendeine Weise negieren.

Mein akademisches Vokabular taugt nicht, um das Brasilien zu beschreiben, das aus seinen Geschichten hervortritt.
In der Sprache meines Vaters erinnert fast nichts an die re-
gimekritischen Erzählungen, die ich als Student, Wissenschaftler und Dozent in Büchern gelesen habe. Was er sagt,
hat auch nichts Ufanistisches, ist kein reaktionäres Lob auf
das Militärregime. Ich gerate durcheinander, wenn ich versuche, das von ihm Erzählte mit dem Glossar der aktuellen
progressiven Debatten auszukleiden, an die ich gewöhnt bin.

Diese kritischen Darstellungen haben ihn nicht auf eine
Weise erreicht, die für ihn Sinn ergeben, seine Erfahrungen beleuchtet und andere Formen hervorgebracht hätten,
seine Geschichte und die Geschichte seines Landes zu er-

zählen. Wenn er sich an die Bauunternehmen erinnert, die das Militärregime unterstützten, spricht er von den gewaltigen Maschinen, die riesige Furchen in die Küstengebirge fraßen, oder den Zeiten, als er seinen Camargo Corrêa kennenlernte, der auch aus Jaú stammte und sich bei der Inspektion der Baustelle beschwerte, dass irgendwelche Teile auf dem Boden lagen. Wenn er von den Militärs spricht, dann geht es um konkrete Personen, die ihm in irgendeiner Ecke des Landes begegnet sind, wie die Soldaten, die er Anfang der Siebziger in seinem Lkw bis nach Santarém transportierte, einer schlecht ausgebauten Strecke, die ihn zusätzliche Reisetage kostete.

Manchmal erinnert er sich noch und sagt, *noch gar nicht so lange her, da haben wir Angst gehabt, das Wort Präsident auszusprechen.* Aber woher diese Angst kam, weiß er nicht, und er zieht auch keine großen Schlüsse daraus. In den Geschichten meines Vaters, kommen weder Marighella noch Golbery vor, und die Kämpfe, die er miterlebt hat, fanden nicht in der Straße Maria Antônia oder in der Cinelândia statt.

*Wir haben manchmal von Folter und Unterdrückung und solche Sachen gehört, aber gesehen habe ich so was unterwegs nie.* Wenn ich ihn frage, ob er sich an die Propaganda der Transamazônica durch die Militärdiktatur erinnere, die »Kolonisierung« des Nordens und wie das Militär den »Fortschritt« in diese Regionen bringen wollte, an die Zerschlagung der Guerilla von Araguaia oder an andere Episoden des Widerstands gegen das Regime, fallen seine Antworten immer kurz aus: *Darüber weiß ich nichts.* Oder: *Daran erinnere ich mich nicht.*

Der Amazonas bleibt für den Rest des Landes eine große Unbekannte, ein inländisches Belgisch-Kongo im Dienste der perversen Fantasien eines städtischen, küstennahen Königs Leopold. Die Region ist das große physische und symbolische Opfer dieser Form des brasilianischen Orientalismus, und die Transamazônica einer der ungelenken Versuche, den jahrhundertealten Traum von der »Kolonisierung« des riesigen Waldes zu verwirklichen, zusammen mit verschiedenen anderen Kolonisierungsvorstößen: dem Kautschuk-Boom im 19. Jahrhundert, der Madeira-Marmoré-Eisenbahn zu Beginn des 20. Jahrhunderts, der Fernstraße Belém-Brasília in den fünfziger Jahren und dem endlose Raubbau der Gegenwart. Flávio Gomes, ein Journalist, der von der Militärregierung eingeladen wurde, den Bau zu begleiten, veranschaulicht diese militärisch-orientalische Fantasie, die durch die Fernstraße angeregt wurde: »Dort, im Herzen des Dschungels, gelingt es einem bis vor Kurzem noch sehr armen Land, eine Zivilisation aufzubauen. Eine neue Grenze wird gezogen, mit Pioniergeist, mit Glauben und – vor allem – mit Freude und Schwung. Und es wird für immer eine solide und endgültige Grenze sein, die unsere Souveränität in einem anderen Brasilien begründet, das bis vor Kurzem nur auf der Landkarte und in der Gier von Fremden existierte.

Das ist die Lektion, die wir gelernt haben und die mich mit Stolz und Patriotismus erfüllt und mich davon überzeugt hat, dass der alte Médici tatsächlich Recht hatte – und dass niemand dieses Land zurückhalten kann.«

Aus der Sicht der Kolonisatoren sind der Amazonas und seine Völker das Herz der Finsternis, und die Fernstraße ist der Fluss, auf dem die Zivilisation (und die Reichtümer) fließen können. Der Wald und seine Völker verwandeln sich zu Hindernissen auf einem Trauermarsch des Fortschritts, der von Traktoren, Lkws, Rindern, Motorsägen und Schießpulver angeführt wird. Wie Heidegger voraussagte, ist »das Wasserkraftwerk […] nicht in den Rheinstrom gebaut, wie die alte Holzbrücke, die seit Jahrhunderten Ufer mit Ufer verbindet. Vielmehr ist der Strom in das Kraftwerk verbaut.« Der Wald ist in die Fernstraße verbaut, dieses lebende Mahnmal unserer Katastrophen.

Die Propaganda der Militärregierung ermutigte 1971 Viehzüchter durch das Versprechen öffentlicher Subventionen und unermesslicher Flächen Land, in den Amazonas auszuwandern. Der wichtigste Slogan lautete: »Schafft Euer Vieh auf die größte Weide der Welt«.

*Um die Straßen zu bauen, haben sie die Bäume mit Kettensägen gefällt, sie mit Planierraupen von der Seite aus zusammengeschoben und so eine Spur bekommen. Alle fünf oder sechs Kilometer hat es einen kleinen Fluss gegeben, einen Bach. Einen nach dem anderen. Wir sind durchs Wasser gefahren und auf der anderen Seite wieder raus gekommen. An vielen hat es schon Brücken gegeben: sie haben ein paar dicke Baumstämme reingeworfen und sie zusammengeschraubt.*

*Wenn man riskiert hat, da drüberzufahren, ist man auf der anderen Seite wieder raus gekommen. Wir haben alles transportiert, Baumaterialien, aber auch Sachen für Unternehmen: Schreibmaschinen, Stühle, Papierkram, Trockennahrung, Toilettenpapier, wirklich alles. In einer bestimmten Zeit hat man die Rückfahrt immer mit Holz gemacht. Nach São Paulo, nach Rio, nach Campinas, zum Hafen von Santos, wo auch immer einen das Sägewerk hingeschickt hat, ist man hingefahren. Hartholz für Möbel. Inzwischen haben sie dort alles zerstört. Jetzt sind da nur noch Weiden.*

Ich fühle mich an Drummond erinnert, einen anderen Erzähler unseres Zusammenbruchs. In seinem Werk ziehen die riesigen Eisenmaschinen vorüber, die die Umgebung des Itabira seiner Kindheit zerstörten. Drummond macht Poesie aus der konkreten Materie der Berge von Minas Gerais, jenen Hügeln, die »im Monsterzug aus 5 Lokomotiven« davonfuhren und auf dem Körper und der Landschaft den dummen Staub des Erzes hinterließen.

Unsere Geschichte der Entwicklung, eine kontinentale Ansammlung von Weide und Staub.


Ein großer Teil dieser Fernstraße ist zu einem schlammigen Korridor geworden, über den Holz und Mineralien, aber auch Soja, Eukalyptus, Rinder, Schmuggelware und Rauschgift befördert werden.

Von den Fernstraßen aus treiben Siedler und Viehzüchter kleinere Straßen immer tiefer in den Wald und bilden so eine Fischgrätenstruktur, die das durch den Straßenbau abgeholzte Gebiet waldeinwärts dehnt. Die sich immer weiter ausbreitenden Wege und Nebenstraßen dringen in Schutzgebiete, Ödland und indigene Gebiet sowie Quilombolas-Territorien ein, die den Schutz der staatlichen Behörden genießen sollten. Dieses System aus großen und kleinen Straßen ist der Korridor für die Abholzung und Verbrennung des größten Regenwaldes der Erde, dem größten Hort biologischer Vielfalt auf dem Planeten und einem der wichtigsten Garanten für die globale Klimaregulierung. São Felix do Xingu im Süden von Pará ist heute in Brasilien die Stadt, die aufgrund von Abholzung und extensiver Viehzucht für die meisten Treibhausgase sorgt. Diese Stadt mitten im Amazonasgebiet hat allein mehr Anteil an der globalen Erwärmung als ganz Chile.

Das Drehbuch der Zerstörung ist immer dasselbe: Zuerst werden in der Regel die Laubbäume gefällt. Danach folgt eine umfangreichere Rodung und Verbrennung des Waldes, um Weiden für die extensive Viehzucht zu gewinnen. Das Vorhandensein der Rinder oder wenig produktiver landwirtschaftlicher Kulturen begünstigt die Landnahme oder kommt den illegalen Nutzern in langwierigen Streitigkeiten um die Regulierung der Landbesitzverteilung zugute, die häufig von Landwirten, Geschäftsleuten und Politikern gefördert werden. Anders als lange Zeit angenommen, ist ein Großteil der Böden im Amazonasgebiet aufgrund des Waldes fruchtbar; ohne den Wald degradiert der Boden und wird innerhalb kurzer Zeit für die Landwirtschaft unbrauchbar. In den ersten Jahren der Ausbeutung erlebt die Region in der Regel ein schnelles Wirtschaftswachstum, vorangetrieben von den Gewinnen aus diesen illegalen Aktivitäten, aber diese Dynamik führt selten zu einer Entwicklung, die über die anfängliche Plünderung des Waldes und Bodens hinausreicht.

Die Holzfäller verlassen dann diese Gebiete und ziehen tiefer in den Wald hinein, wo ein neuer Zyklus der Zerstörung beginnt. Zurück bleiben kahle Böden und arme Dörfer, nach einem Muster der Besetzung, das der Forscher Adalberto Veríssimo als »Boom-Bust« bezeichnet. Der überwiegende Teil der abgeholzten 83 Millionen Hektar – etwa zwanzig Prozent des gesamten Territoriums – sind schlecht bewirtschaftete oder völlig degradierte Flächen. In der Nähe dieser Abholzungskorridore kommt es häufig zu illegalem Bergbau, zu Drogen- und Mineralienhandel, illegaler Jagd und Fischerei, Kinderprostitution und der Vernichtung traditioneller Völker samt ihrem Land.

Die Territorien der Indigenen und Quilombolas sowie die Nutzreservate sind immer häufiger das Ziel von Übergriffen durch Landräuber, Holzfäller, Bergleute und ihre mächtigen Gönner: Bürgermeister, Abgeordnete, Delegierte, Notare, Drogenhändler, Anwälte und Großgrundbesitzer. Diese menschliche und ökologische Tragödie erregt nur selten die Aufmerksamkeit der Eliten der großen Städte im Südosten und Süden des Landes, die sich über ihren Beitrag zu dem zynischen Gelage der Weltwirtschaft freuen, dieser uralten Verbindung zwischen Schamlosigkeit und Verwüstung, die den Ton unserer Geschichte angibt.

Dort redeten sie immer davon, den einen zu töten und den anderen für den nächsten Tag zu fesseln …

*Das eine Mal in Maranhão: Es war mehr oder weniger Mitternacht, als wir in dieses Dorf irgendwo im Sumpf gekommen sind. Es ging eine Holzbrücke von der Straße ab, die fünfzig Meter in den Wald reingeführt hat. Und am Eingang gab es eine Bar. Wir haben dort immer angehalten und einen Kaffee getrunken, oder was zu Mittag oder Abend gegessen, es war ein Haltepunkt für Fernfahrer. Also hab ich gesagt: »Nestor, wollen wir anhalten und was trinken?« Und er hat gemeint: »Ja, machen wir.« Es gab da so eine kleine Lampe, die an einen Baumstamm in der Mitte der Strohdachhütte gebunden war.*

*Wir sind also an den Tresen und haben einen Kaffee bestellt. Und in dem Moment habe ich hinter mich geguckt und einen Typen an den Baumstamm gefesselt gesehen. Ich hab meinen Kaffee getrunken. Und dann hab ich den Mann an der Bar gefragt: »Ist der da schon für morgen?« Und er hat gesagt: »Nein, nein, nicht was du denkst. Der da hat Stress gemacht, gesoffen und rumgeschrien; und da haben die anderen hier ihn festgemacht. Noch ein bisschen, dann binde ich ihn los.« Das hat er gesagt, aber kurz darauf sind wir los, als wer weiß, was mit dem armen Kerl passiert ist.*

Altamira in Pará, die »Kleine Prinzessin des Xingu«, belegt regelmäßig den Spitzenplatz in der Statistik der höchsten Mordrate des Landes. 2011 wurde dort der Belo Monte-Staudamm, der drittgrößte Staudamm der Welt, eingeweiht. Die Anlage ist die finale Umsetzung eines Projekts, das ursprünglich 1974, auf dem Höhepunkt der Militärdiktatur ausgearbeitet wurde. Das riesige Betonmonster hatte die Flutung indigenen Lands, die Zerstörung des traditionellen Fischfangs der ethnischen Gruppen in der Region, die Zunahme von Entführungen und Ermordungen ihrer lokalen Anführer und die Verschärfung der blutigen Auseinandersetzungen zwischen den Drogenkartellen zur Folge. Bei einem der Vorfälle dieses andauernden Krieges wurden 2019 bei einem fünfstündigen Massaker im Gefängnis der Stadt zweiundsechzig Gefangene ermordet. Sechzehn der Opfer wurden enthauptet. Bilder ihrer zerfetzten Körper zirkulierten via WhatsApp im ganzen Land.

Die Stadt wurde auch als »Hauptstadt der Transamazônica« bekannt. Seit den sechziger Jahren war Altamira ein Labor für sämtliche perverse Versionen eines auf Fortschritt zielenden Gedankenguts, und Fantasien zur Entwicklung der Region geisterten schon vor dem Bau der Fernstraße umher.

*Ich habe Zuckerrohr nach Altamira gebracht. 1965 war das, als ich gerade mit dem Lkw-Fahren angefangen habe. Ich habe Zuckerrohr-Setzlinge nach Sertãozinho transportiert, hier in der Nähe von Jaú. Sie haben in Altamira ein Wasserkraftwerk gebaut, nur dass es keine Straße gab, um da hinzukommen. Die Transamazônica haben wir erst danach gebaut. Also musste man bis Belém fahren und den Lkw dort auf die Fähre laden, und die hat uns in die Nähe von der Stelle gebracht, wo das Kraftwerk hochgezogen wurde. Aber wir haben den Lkw dann*

*nicht mal von der Fähre runtergefahren, sondern es ist ein Lkw*
*vom Kraftwerk mit Gerät gekommen, hat die Fracht von unse-*
*rem Lkw runtergeholt, in den Lkw vom Kraftwerk umgeladen*
*und auf die Baustelle mitgenommen. Als das Kraftwerk fertig*
*gebaut war, waren die Felder schon angelegt. Einen Teil der*
*Ackerflächen habe ich gesehen, als die Transamazônica frei-*
*gegeben wurde. Ich bin da lang gefahren, bin an Altamira vor-*
*beigekommen, und da hat man mitten in diesem riesgen Wald*
*Zuckerrohrplantagen gesehen.*

Altamira war die Stadt, die Médici am 9. Oktober 1970
besuchte, um den Baubeginn der Fernstraße feierlich zu
begehen. Das Fernsehen übertrug Bilder des Präsidenten bei
der Einweihung eines baulichen Meilensteins und beim Fällen eines Paranussbaums. Den Stumpf dieses Baumes gibt
es noch heute, mit einer daneben stehenden Tafel, auf der
es heißt: »An diesen Ufern des Xingu, mitten im Dschungel
des Amazonas, gibt der Präsident der Republik den historischen Startschuss für den Bau der Transamazônica und das
Vorhaben der Eroberung und Kolonisierung dieser grenzen-
losen grünen Welt.«

Der Film *Iracema: um Transa Amazônica* von Jorge Bodanzky
und Orlando Senna aus dem Jahr 1974 ist eine Allegorie auf
die mit der Fernstraße verbundenen Versprechen. *Iracema*
stellte die Propaganda der Militärdiktatur zu Beginn der
siebziger Jahre infrage. Seit seinem Erscheinen zirkulierte
der Film heimlich in Filmclubs und Universitäten des Landes und sollte erst 1980, nach sechs Jahren der Zensur durch

das brasilianische Militär in die brasilianischen Kinos kommen.

Die Hauptfigur des Films ist eine volksnahe Verkörperung des »Developmentalismus« der Militärdiktatur: »Tião Brasil Grande«, ein ambitionierter und frauenfeindlicher Lkw-Fahrer aus Rio Grande do Sul, hervorragend gespielt von Paulo César Pereiro. Was Tião antreibt, ist die Hoffnung, reich zu werden, und die Zuversicht, dass harte Arbeit und Schläue ihm garantieren, dass er dieses Ziel erreichen wird. Er steht für die Versprechen des »Grande Brasil« der Diktatur, inszeniert in einer strategischen Landschaft: dem von der monströsen Fernstraße auseinandergerissenen Amazonas.

In einer der Szenen des Films ordnet Tião die Ontologie unseres Kapitalismus der Verwüstung: »Die Natur ist gar keine Mutter! Die Natur ist mein Lkw, die Natur ist die Straße.«

Die Filmszenen, von den Regisseuren als fiktionale Dokumentation bezeichnet, sind fast alle improvisiert, und die meisten Schauspieler sind Amateure aus der Region, mit dem Hauptaugenmerk auf Iracema selbst, die dem Film den Titel gibt, gespielt von Edna de Cássia. Iracema, mit der der Protagonist eine Beziehung unterhält, ist eine Figur, die von verschiedenen Formen der Gewalt geprägt ist – Prostitution von Minderjährigen, Ausnutzung der Armut, emotionaler Manipulation, Vernachlässigung. Iracema ist ein Sinnbild für die vielen realen Frauen aus dem Amazonas, aber auch eine Allegorie auf den Wald selbst, der durch den Prozess der Inbesitznahme geschändet wird.

In einer Art Prophezeiung transportiert Tião, der zu Beginn des Films Holz geladen hat, zum Ende des Films Rinder nach Acre. Diese Wendung in der Entwicklung der Figur fasst die Transformation des hauptsächlich für die Entwaldung verantwortlichen Sektors zusammen, die bis heute andauert.

Der angestaubte Look des Films und Tiãos Kleidung – bis zum Bauchnabel aufgeknöpfte Hemden, oder aber alte T-Shirts mit Werbung für den Bau der Fernstraße, Halsketten, Sonnenbrillen und locker sitzende Hosen – erinnern mich an die wenigen Fotos von meinem Vater auf den Straßen.

Die Fernstraße zerriss die Territorien von 29 indigenen Völkern, was zu Massakern, Vertreibungen, Kinderprostitution und der Zerstörung jahrtausendealter Kulturen führte. Unsere kritischsten politischen Narrative zur Militärdiktatur sagen wenig über den Genozid an der indigenen Bevölkerung, der von der Diktatur und einem zivilen Geflecht aus Unterstützern verübt wurde. Rund achttausend Indigene wurden laut Angaben der Wahrheitskommission ermordet, und keiner von ihnen findet Eingang in die vorherrschenden Versionen der Landesgeschichte, die von einer armselig urbanen, weißen Vorstellungswelt der Küsten und des Südostens genährt wird.

Die Städte, Kleinstädte und ländlichen Gebiete, die im Zuge von Bergbau, Abholzung, archaischer Viehzucht und Landraub entstanden sind, nehmen beim Ranking unserer wirtschaftlichen und sozialen Entwicklung stets die untersten Plätze ein. Die Mordrate in der Region ist um sechzig

Prozent höher als im Rest des Landes, und die Jugendarbeitslosigkeit ist fast doppelt so hoch.

Im Norden Brasiliens kommt es zu einer erschreckend hohen Anzahl von Morden an Aktivisten und anderen Opfern von Konflikten über Land und Wald. Landlose, Indigene und Menschenrechtsaktivisten werden noch immer von Fazenda- und Großgrundbesitzern, Sägewerk- und Bergbaufirmen ausgeschaltet, die die lokale Politik bestimmen.

*In der Zeit damals, in den Sechzigern, Siebzigern, haben die Leute, die in die Gegend eingedrungen sind, getötet. Landräuber und Schürfer waren das ... Die haben getötet, um den anderen fallen zu sehen, ohne jede Hemmung getötet. In Sapucaia in Pará hatte der Kerl da eine von diesen Fazendas, von denen die Typen das Land an sich gerissen haben. Der Mann hat eine Tankstelle und ein Restaurant gehabt, ein paar Zimmer, die er vermietet hat, eine kleine Pension. Dann ist so ein Schrank gekommen und hat ihm mit einem 12er-Gewehr ins Gesicht geschossen, und dem Mann hat es den Kopf weggeblasen. Ich hatte schon länger nicht mehr dort Station gemacht, sondern es nur in der Stadt gehört, aber solche Sachen sind andauernd passiert.*

In dieser Gegend tötete die Militärpolizei 1996 neunzehn landlose Landarbeiter bei dem, was als »Massaker von Eldorado dos Carajás« bekannt wurde. Die Bilder von blutüberströmten aufgetürmten Körpern, anonyme, in den Zeitungen abgedruckte Leichen, gehören zu meinen frühesten Erinnerungen an die Gewalt des brasilianischen Staates, der Menschenleben im großen Stil auslöscht.

Ein Stück weiter nördlich, in der Stadt Anapu, wurde 2005 die nordamerikanische Missionarin Schwester Dorothy Stang mit sechs Schüssen ermordet, und zwar auf Betreiben der örtlichen Großgrundbesitzer, die sie seit einiger Zeit wegen ihres Einsatzes für den Schutz des Waldes und der Landlosen bedroht hatten. Viele Landarbeiter aus der Region haben auf ihren Hausaltären ein Foto von Schwester Dorothy stehen, zusammen mit Kruzifixen und Heiligenbildern.

Und Paulo Paulino Guajajara, ein 26-jähriger Waldschützer des indigenen Volks der Guajajára, der 2019 von Holzfällern in Maranhão ermordet wurde, wie so viele andere Indigene vieler verschiedener Völker in verschiedenen Gebieten seit vielen, vielen Jahren.

Zu den ermordeten Geistlichen, Landlosen und zahllosen indigenen Führern kamen im Juni 2022 der Indigenenexperte Bruno Pereira und der Journalist Dom Phillips hinzu, die in der Nähe des Javari-Tals hingerichtet wurden, weil sie den Wald und die Urbevölkerung verteidigten.

So wie die Bäume, fallen im Amazonas-Regenwald auch die Körper unaufhaltsam weiter.

Jede Gesellschaft trägt ihren eigenen Scherbenhaufen zur universellen Geschichte der Barbarei bei. Swetlana Alexijewitsch denkt über den Ort der Tschernobyl-Katastrophe nach und schreibt: »Was wir über Schrecken und Ängste wissen, hat meist mit dem Krieg zu tun. Der Stalin'sche Gulag und Auschwitz sind jüngste Schöpfungen des Bösen. Die Geschichte war stets die Geschichte von Kriegen und Feldherren, der Krieg war das Maß des Schreckens. […] Die Zeitungsberichte über Tschernobyl strotzten von militärischen Begriffen: Atom, Explosion, Helden … Das macht es schwer zu begreifen, dass wir uns in einer neuen Geschichte befinden … Die Geschichte der Katastrophen ist angebrochen.«

In der Tat ist der Krieg nicht das einzige Maß des Schreckens. Für viele Gesellschaften wie der brasilianischen war er nie die grundlegende Quelle von Worten und Erinnerungen, aus denen sich unsere Enzyklopädie der Brutalität speist. Unsere Katastrophen tragen andere Namen: Kolonisierung, Völkermord, Sklaverei, Rassismus, Umweltzerstörung. Ihre Mittel sind die Fernstraße, der Zaun, die Mikroben, die Sklavenschiffe, die Kugel, die Axt, die Sklavenhäscher – das war in der Kolonialzeit vielleicht unser erster Mittelstandsberuf.

Auf diese Häscher folgten bis ins Heute andere, in anderen Uniformen, mit Variationen derselben sadistischen Launen – manchmal, so viel ist gewiss, mit Perversitäten, die die Erinnerung an andere Völkermorde evozieren und neu erfinden, wie bei dem Gaskammervorgehen, bei dem im Mai 2022 zwei Polizisten Genivaldo de Jesus in einem Auto in Umbaúba, Sergipe, erstickten, alles vor unseren Augen und den Augen von Passanten.

Auch Krebs folgt einer kolonialen Logik. Er besiedelt Territorien, die ihm nicht gehören, ernährt sich von lebender Materie und tötet, wenn man ihm nicht Einhalt gebietet, seinen Wirt und stirbt dann mit ihm. Um über Krebs zu sprechen, greifen wir zu Worten wie Wachstum, Ausbreitung, Besiedlung, raumbezogene Metaphern für eine Krankheit, die das wahre Epos der Besetzung des Körperterritoriums ist, ein biologischer *Fitzcarraldo*, den wir alle als Teil unseres eigenen Prozesses des Wachstums, der Heilung, der Zellregeneration, des Lebens erschaffen können – und zugleich die zweithäufigste Todesursache weltweit.

Siddhartha Mukherjee erklärt in seiner Geschichte vom *König aller Krankheiten*, dass im Fall von Krebs nicht eine einzige Krankheit existiert. Es handelt sich nur um einen Sammelbegriff für eine riesige Vielfalt ähnlicher Phänomene unkontrollierten Zellwachstums. In einer Zusammenfassung der kanonischen Studien von Weinberg und Hanahan listet der Autor die sechs Regeln der Krebsentstehung auf: die Aktivierung von Onkogenen; die Inaktivierung von Tumorsuppressorgenen; die Umgehung des programmierten Zelltods, der bei gesunden Zellen üblich ist (was den Unsterblichkeitstrieb der Zelle erzeugt), grenzenloses Fortpflanzungspotential, die Aneignung der Fähigkeit, sich eine eigene Blutversorgung und eigene Blutgefäße zuzulegen, die als Treibstoff für die Fähigkeit dienen, sich im Körper zu bewegen, in andere Organen zu wandern und andere Gewebe zu besiedeln. Dieser letzte Schritt ist der Motor der Metastase, ein Wort, das ich monatelang nicht aussprechen konnte, und das ich in meinem Tagebuch das »M-Wort« nannte.

Das M-Wort: Mukherjee zufolge bedeutet Metastase in etwa »fort von der Stätte«: »einen losgelösten, instabilen Zustand,

der die besondere Instabilität der Moderne wiedergibt. [...]
Krebs ist eine expansionistische Krankheit; er dringt in Gewebe ein, gründet Kolonien in feindlichen Landschaften,
sucht ›Zuflucht‹ in einem Organ und wandert dann in einem
anderen ein.« Wie die Zerstörung des Waldes, verkörpert
Krebs das Evangeliums des Wachstums um jeden Preis.

# MANELÃO

*Damals haben wir den Lkw beladen, sind nach Hause gefahren, ein, zwei Tage geblieben und haben uns dann auf den Weg gemacht.*

*Keiner von uns hatte eine Freundin, also war es üblich, vor der Abfahrt einen Abstecher ins Rotlichtviertel zu machen. Dort haben wir ordentlich was getrunken, hatten mal was mit der einen Frau, mal was mit der anderen, solche Sachen.*

*Das eine Mal waren wir zu dritt, mein Freund Nestor, ich und Manelão. Und es gab da eine sehr hübsche Blondine. Die hieß Helena. Ich würde sagen, das war damals das hübscheste Mädchen der Stadt. Und die hat sich für Manelão interessiert. Sie wollte wissen, wo wir hinfahren, und wir haben ihr erzählt, dass wir nach Manaus fahren – und sie meinte, dann kommt sie mit.*

*Manelão hat dann gesagt: »Wenn du willst, nehme ich dich mit, aber du brauchst Kohle, ohne Geld läuft das nicht. Das Essen ist teuer, und alles andere unterwegs auch.« Er hat das vorgeschoben, damit sie nicht mitkommt …*

*Das Mädchen guckt ihm ins Gesicht, stemmt die Hände in die Hüften und sagt: »Es hängt also am Geld, was? Na, dann warte mal kurz.« Sie ist raus in den Hof, wo ein Haufen von diesen Fünf-Liter-Flaschen rumstand. Das ganze Geld, das sie* verdient hat, hat sie zusammen gerollt und in ihre Flasche gesteckt. Wahrscheinlich hat sie nicht mal gewusst, wie viel Geld da drinnen war.

Helena hat sich ihre Flasche geschnappt, ist dann damit wieder vor zur Bar gekommen, wo alle rumstanden, und hat sie auf den Boden geknallt. Sie ist zerbrochen. Die Scheine, Münzen und Scherben sind in alle Richtungen geflogen. »Wenn es nur am Geld hängt, dann nimm.«

Manelão meinte: »Oh, na dann kannst du mitkommen, auf geht's, Helena!«

Er glotzte nur auf ihr Geld. Er war ein Gauner, dem konnte man nicht über den Weg trauen …

Und dann ist sie wirklich mit Manelão mitgefahren. Sie haben bestimmt um die vierzig Fahrten zusammen gemacht. Später haben sie geheiratet und Kinder bekommen … Die bekam man nicht auseinander, aber sie haben sich die ganze Zeit gestritten, schlimmer als Hund und Katze. Sie haben sich geschlagen, sich gegenseitig gekloppt, immer eine Szene gemacht. Er war furchtbar eifersüchtig, und sie auch. Erst haben sie sich gekloppt, dann darüber gelacht und sich zusammen volllaufen lassen.

Heute sind sie nicht mehr verheiratet, glaube ich, weil er krank im Kopf geworden ist. Manelão ist alt und verrückt geworden. Er läuft in der Stadt rum und redet Unsinn. Er streunert durch die Gegend und hat diesen irren Blick. Das kommt bestimmt vom vielen Alkohol und von den vielen Drogen. Oder er ist einfach richtig kaputt.

*Was aus Helena geworden ist, weiß ich nicht. Wahrschein-*
*lich ist sie vor ihm weggelaufen.*

*Manelão ist immer ein brutaler Typ gewesen, ein Putschist.*
*Er war ständig am Schachern und hat andere gern übers Ohr*
*gehauen. Einmal hat er in Acre am Straßenrand einen ganz,*
*ganz zahmen Affen gekauft. Das gab es damals überall, sol-*
*che Geschäfte mit wilden Tieren, die am Straßenrand verkauft*
*wurden. Aber dieser Affe war nur deshalb so zahm, weil er be-*
*trunken war. Als der Rausch vorbei war, hat der Affe ange-*
*fangen, Manelão im Führerhaus anzugreifen. Das Tier wollte*
*unbedingt aus der Kabine raus. Da hat sich Manelão den*
*Revolver geschnappt und im Führerhaus zwei Mal auf ihn ge-*
*schossen und den Kadaver dann aus dem Fenster geschmissen.*

*Ich bin hinter ihm gefahren. Ich erinnere mich noch daran,*
*dass ich später das Blut von dem Tier in der Kabine gesehen*
*habe, und die zwei Löcher von den Kugeln im Sitz.*

*Wenn es um seinen Vorteil ging, hat er andere auch gern*
*mal behumst. Als wir noch jung waren, war es so, dass die*
*Leute von dort, wo wir Halt gemacht haben, wenn sie in die*
*Stadt gekommen sind, ihr Pferd an der Tankstelle festgebunden*
*haben und in die Bar gekommen sind, um ein Schlückchen zu*
*trinken. Einmal war ich in einer Bar hier in der Unterstadt am*
*Fluss, und der Typ vom Land, der dort auch was getrunken*
*hat, kam aus der Eckkneipe und konnte sein Pferd nicht fin-*
*den. »Wo ist meine Stute?«, hat er geschrien. Manelão hatte*
*sich einfach die Stute von dem Jungen geschnappt und war da-*
*mit eine Runde durch die Stadt geritten.*

*Er war so verrückt, dass er in Bars gegangen ist, die Kasse geöff-
net und sich bedient hat. Er hat in Pará den Motor von einem
Boot geklaut und ihn in São Paulo wieder verkauft ... Und er
hat auch die anderen Lkw-Fahrer belogen, Fahrten verheim-
licht, nichts von den Ladungen erzählt, die rausgehen sollten,
solche Sachen.*

*Bei den Lkw-Fahrern war er eher verschrien. Aber als ich
am Herz operiert worden bin, ist er drei, vier Mal vorbei gekommen. Öfter als alle anderen. Wenn Manelão noch richtig
wäre im Kopf, würde er dich bestimmt zu sich einladen und dir
unsere Geschichten erzählen. Ein Freund ist ein Freund, und
das vergesse ich nicht.*

# DIESE LEUTE

*»Ach«, sagte die Maus, »die Welt wird enger mit jedem Tag.*
*Zuerst war sie so breit, dass ich Angst hatte, und ich lief*
*weiter und war glücklich, dass ich endlich rechts und links*
*in der Ferne Mauern sah, aber diese langen Mauern eilen*
*so schnell aufeinander zu, dass ich schon im letzten Zimmer*
*bin, und dort im Winkel steht die Falle, in die ich laufe.« –*
*»Du musst nur die Laufrichtung ändern«, sagte die Katze*
*und fraß sie.*

Franz Kafka
*»Kleine Fabel«*

Im Mai 2018 verfolgten mein Vater und ich gebannt die historischen Streiks der Fernfahrer. An zahlreichen strategischen Punkten im ganzen Land verschränkten die Fahrer
von Lkws die Arme, stellten die Auslieferung von Frachten
ein und versperrten Kollegen die Durchfahrt, womit sie das
Land an den Rand des Versorgungszusammenbruchs und
einer schweren politischen Krise brachten. Wir sprachen am
Telefon über die Straßenblockaden, die während dieser zehn
Tage stündlich zunahmen. Wie im Juni 2013 dehnten sich die

Stunden zu Wochen aus, und wir schienen die Fähigkeit zu verlieren, die Dinge zu benennen.

Auslöser der Streiks war die sukzessive Erhöhung der Dieselpreise, aber dann kamen und gingen immer neue Forderungen der Lkw-Fahrer in derselben Geschwindigkeit, mit der provisorische Anführer die Bühne betraten und wieder verließen. An den Blockadepunkten sahen wir weder die Fahnen politischer Parteien oder organisierter sozialer Bewegungen noch der Gewerkschaften.

Viele Berufskraftfahrer schrien gegen die Korruption an und gaben damit Slogans und Ansichten wieder, die sich seit Jahren überall im Land verbreiteten. Teile der Linken beschrieben die Demonstrationen als einen »Lockout«, einen Komplott der Unternehmer, und nicht als autonomen und legitimen Protest der Arbeiterschaft. Das Fehlen klarer Anführer und repräsentativer Organisationen – ein in den letzten Jahren weit verbreitetes Phänomen in den öffentlichen Sphären – erschwerte es zusätzlich, die Botschaften der Demonstranten zu einem eindeutigen politischen Programm zusammenzufassen.

Journalisten, Politiker, Akademiker und politische Kommentatoren: wir alle stießen auf Fakten und erstickten an unseren Theorien.

Einige dieser Lkw-Fahrer forderten die Rückkehr des Militärs, während andere verkündeten, dass sie für Kandidaten der Linken stimmten. An den Unruhen beteiligten sich auch einige radikale Stimmen, die versuchten, den Aufstand zur Verbreitung eines rechtsextremen Programms zu nutzen. Einer von ihnen, Ramiro Cruz, Wortführer der Bewegung Despertar da Consciência Patriótica (»Erwachen des patriotischen Bewusstseins«) und Aktivist für die Rückkehr des Militärs an die Macht, verkündete auf seiner Facebook-Seite: »Der Sieg ist nah! Trucker + Volk x Legalität x Legitimität = Fall der brasilianischen Festung!!! Wir geben nicht auf! Lasst die Nationalen Streitkräfte und den ganzen Rest kommen, die Machete steckt schon im Stumpf. Wir weichen keinen Millimeter, denn wir sind das Volk, und das Volk hat sich vereint.«

Andere Fernfahrer berichteten Journalisten und Wissenschaftlern, dass sie sich nichts aus Politik machen und sich einfach nur Konditionen wünschen würden, zu denen sie am Monatsende Geld nach Hause bringen konnten.

Mein Vater und ich dachten mit gleichem Interesse über diese Reihe von Ereignissen nach, aber von sehr unterschiedlichen Standpunkten aus. Ich dachte mit dem Vokabular, das ich aus Büchern gelernt hatte: Klasse, Prekariat, historisches Subjekt, Demokratie, Kooptation, Bewusstsein. Er dachte mit einem anderen, das sich aus seinem praktischen Leben speiste: Transport, Fracht, Treibstoff, Spedition, Auftraggeber, Tankstellen, Maut.

Wer waren diese Subjekte? Helden der Arbeiterklasse? Eine von den Speditionsunternehmen gesteuerte Masse? Die Speerspitze einer neuen präfaschistischen Bewegung? Wie waren sie organisiert? Ich hatte ähnliche Fragen wie die universitäre Linke, der ich angehöre, Zweifel, die sich zumeist daraus ergeben, dass wir kaum zuhören und nur selten mit Menschen aus populären Klassen sprechen – die typische Abneigung der Eliten, die Arbeiter zu ihren Konditionen zu verstehen, und nicht als Projektionen unserer Konzepte, Theorien und Weltanschauungen.

Die Elite der akademischen und politischen Linken, in ihrer großen Mehrheit weiß, männlich und wirtschaftlich privilegiert, übt gegenüber der Arbeiterklasse oft eine grausame Form der herablassenden Zensur aus. Didier Eribon weist in *Rückkehr nach Reims* präzise auf einen der Gründe dieser politischen, sozialen und epistemischen Abgrenzung hin: »Das ›Proletariat‹ war für mich eine Idee aus Büchern, eine abstrakte Vorstellung. Meine Eltern gehörten nicht in diese Kategorie. Und wenn ich mich in selbstgefälligen Klagen [...] erging, dann war mein ›revolutionäres‹ politisches Urteil, das ich über meine Eltern und meine Familie [und die gesamte Arbeiterklasse] fällte, der Ausdruck meiner Entschlossenheit, aus dieser ihrer Welt zu fliehen.«

Die abstrakte Projektion unserer Konzepte auf die populären Klassen ist ein Abwehrmechanismus gegen ihre tatsächliche Einbeziehung in die politischen Debatten und die elitären kulturellen Institutionen. Statt mit Waffen und Zensur bringen wir sie oft mit hermetischen Ideen und geschlossenen Institutionen zum Schweigen, die uns vor dem In-Gang-Kommen eines echten Dialogs bewahren. Ausnahmen von diesem Muster sind selten und finden in der Regel in Räumen statt, zu denen Menschen aus diesen sozialen

Klassen nur unter großen Schwierigkeiten Zugang gefunden haben.

*Ich weiß gar nicht richtig, wer diese Leute da sind. Wie kriegen sie so viele Menschen zusammen? Was wollen sie? Zu meiner Zeit gab es das nicht.*

Die Verwunderung meines Vaters während dieser zehn Tage verdeutlichte auch die Kluft zwischen ihm und der aktuellen Realität dieser Arbeiter. Das war nicht mehr die Welt, die er gekannt hatte, und die Lkw-Fahrer, die die Straßen blockierten, waren nicht Nestor, Manelão und Jaques. Die Fernfahrer, die wir im Fernsehen sahen, benutzen WhatsApp, um politische Memes auszutauschen und mit Kollegen und ihren Familien zu kommunizieren. Sie suchen über Apps nach Aufträgen, und nicht nur an Tankstellen am Straßenrand oder an Abladestationen mit Hilfe von »Vermittlern«. Das Risiko, Opfer von Raubüberfällen oder Entführungen zu werden, ist deutlich gestiegen, und deshalb müssen ihre Lkws mit zahlreichen Überwachungs- und Sicherheitssystemen ausgestattet sein, die es vor wenigen Jahrzehnten noch gar nicht gab. Viele der Fahrer sind bewaffnet, wie es auch in den Sechzigern und Siebzigern auf den Straßen üblich war. Sie sind Mitglieder einer überwiegend männlichen Branche, trotz der dezent ansteigenden Zahl von Lkw-Fahrerinnen und einer viel stärkeren Präsenz feministischer Diskurse in der Gesellschaft. Der Konsum von Aufputschmitteln ist unter Lkw-Fahrern weiter verbreitet, aber neben dem traditionellen »Speed« gibt es auch andere Amphetamine sowie Kokain oder leistungssteigernde Drogen wie Ritalin und Venvanse. Alkohol- und Nikotinsucht sowie Herz-Kreislauf-Erkrankungen gehören weiter zum Alltag und gehen mit einem alarmierenden Anstieg diagnostizierter Angststörungen und Depressionen unter den Fahrern einher.

Die meisten von ihnen träumen noch immer davon, selbst Transportunternehmer zu werden. Die Lkw-Fahrer sind eine Art Avantgarde des neoliberalen Bestrebens, die Arbeitnehmer zu Kleinunternehmern ohne Rechte und Garantien zu machen. Jedes Risiko, das diese Arbeiter eingehen, ist privat, und böse Überraschungen auf diesem Weg können ihre Aufstiegspläne zunichte machen.

Das ist nichts Neues: *Jaques wurde krank, nachdem wir uns als Partner einen Lkw gekauft hatten, der in 40 Raten abbezahlt werden sollte. Das muss so '89 gewesen sein. Wir haben die Anzahlung gemacht, die Raten aufgeteilt, und nach zwei, drei Monaten ist er krank geworden und konnte nicht mehr fahren. Ich weiß nur, dass das mit dem Lkw im Sande verlaufen ist. Das Geld, das wir investiert hatten, war futsch, weil ich es nicht geschafft hätte, die Raten allein abzuzahlen. Und wenig später ist Jaques gestorben. Er konnte seiner Frau überhaupt nichts hinterlassen, weil er das wenige Gesparte in die Anzahlung für den Lkw gesteckt hatte. Heulen war zwecklos, das Geld war verloren. Und meinen Freund hab ich auch verloren.*

Die wirtschaftliche und soziale Krise, mit der das Land seit Jahren konfrontiert ist, trifft diese Fahrer besonders hart, da sie unmittelbar von der Rezession, der Preissteigerung von Kraftstoffen, der Verschlechterung der Infrastruktur, der Zunahme von Frachtdiebstählen und allen Formen der Arbeitsplatzunsicherheit und des Sozialabbaus betroffen sind.

Ich frage mich, ob diese Veränderungen der Lebenswelt der Lkw-Fahrer, ihrer Vorstellungen, ihrer Formen der Solidarität und ihres Alltags auf den Straßen zu verstehen helfen, wo wir als Land hingekommen sind. Damals wussten wir es nicht, aber diese Streiks sollten im Oktober desselben Jahres der Prolog zu einer Wahl sein, wie wir sie noch nie erlebt hatten.

In letzter Zeit wurden wir oft mit Bildern eines im Krankenhaus liegenden Präsidenten konfrontiert. Die Nation diskutiert über seine Eingeweide. Die Zeitungen konsultieren Spezialisten für Leistenbrüche, Schluckauf, Reflux und andere viszerale Beschwerden.

Er stellt seine Narben gern wie die Medaillen eines Kriegshelden zur Schau. Wir haben die Inszenierung des Körpers des Präsidenten verfolgt, der in Krankenhausbetten für die Kameras posiert, live im Internet seine Narben zeigt und bei öffentlichen Veranstaltungen sein Sexualleben mit derselben Unbekümmertheit diskutiert, mit der er Folterer lobt oder Tote und Kranke verhöhnt.

Dieser Körper drängt der Nation seine invasive Präsenz auf. Doch jedes Mal, wenn er ihn zur Schau stellt, sollte uns durchzucken, was er unterschlägt: die Leichen, die sich unter seinem Hyänenlachen anhäufen. Dieser Körper und seine Narben erinnern an das Bild von José Millán-Astray, dem franquistischen Schlächter und Gründer der Spanischen Fremdenlegion, der stolz seine Kriegsversehrtheit präsentierte – ein entstelltes Gesicht, ein herausgerissenes Auge, einen fehlenden Arm und ein fast zahnloses Lächeln. Er prahlte mit diesen Narben als ein Zeichen der Überlegenheit derer, die den Geruch der Schlacht lieben und erregt werden von den Leichen ihrer Feinde. Der verstümmelte Körper des Franquisten diente als lebendes Denkmal für die Verfolgung von Gegnern, die Schließung von Universitäten, den militarisierten Machismus und die Politik des *Viva la Muerte!*.

Bei meinem Vater und anderen Patienten, die ich in den letzten Monaten erlebt habe, ebnet das wahrgenommene Leiden der anderen oft den Weg zu Dialog und Empathie. Auf den Krankenhausfluren kommt es häufig vor, dass Patienten ein Gespräch mit ihm beginnen, wenn sie seinen Kolostomiebeutel oder seinen Blasenkatheter bemerken, oder wir auf die nächste Strahlenbehandlung warten. Sie zeigen oft ihre eigenen Narben und zählen ihre Medikamente auf, oder wie viele Stunden sie schon auf einen neuen Termin warten, welche Höhen und Tiefen mit der Behandlung einhergehen. Sie verraten, mit welchen Tricks man die Krankenhausbürokratie umgeht, und ab und zu rutschen sie tiefer auf ihrem Stuhl, kommen näher und erzählen mit leiser Stimme, wie sie mit Inkontinenz, regelmäßigem Durchfall, sexueller Impotenz und der Angst vor Schmerzen und Tod umgehen.

Audre Lorde spricht in ihrem *Krebstagebuch,* in dem sie über den Alltag ihrer Brustkrebsbehandlung berichtet, von den zahlreichen Patientinnen im Krankenhaus, die ihre Geschichten und ihre Eindrücke von dem Leben nach der Brustamputation mit ihr teilen. »Wir verglichen unsere Meinungen über Schwestern, gymnastische Übungen und die Frage, ob Kakaobutter ein wirksames Mittel gegen die Tendenz Schwarzer Frauen zur Keloidbildung sei.« Frauen, die im Verlauf der Krankheit und Krankheitsbewältigung ihren Weg kreuzten, und die sich aufgrund der gemeinsamen Zweifel und Ängste, wie es sein würde, nach der Brustamputation zu leben, geliebt zu werden und zu begehren, mit ihr verbanden.

In *Das Leiden anderer betrachten* hinterfragt Susan Sontag die Vorstellung, dass Bilder von fremdem Leid, wie sie beispielsweise in Zeiten bewaffneter Konflikte die Zeitungen überschwemmen, eine Quelle des Mitgefühls mit echter politischer Kraft sein können. Fremdes Leid zu sehen, könne entlastend wirken, als individuelles Zeichen des Bewusstseins für das Leiden anderer, ein Gefühl lähmender Selbstzufriedenheit.

Diese Argumentation gilt nicht nur für Bilder, sondern auch für Zahlen, vor allem wenn die der Leichen in die Tausende geht. Seit März 2020 wiederhole ich das zwanghafte Ritual, täglich die Zahl der Covid-Toten im Land abzurufen. Was bedeutet es im weltweiten Vergleich, dass am 27. März 2021 3409 Menschen gestorben sind, oder dass am 12. Februar

2022 879 neue Todesfälle zu verzeichnen waren? Ich habe das Gefühl, zu den Zuschauern zu gehören, die perplex diesem düstere Spektakel der Entblößung unserer Eingeweide zusehen. Die Opferzahlen beeinflussen uns immer weniger, da sie Größenordnungen erreichen, die uns nichts Neues mehr sagen können. Als die Zahl der Todesfälle in Zusammenhang mit Covid und der offiziellen Politik des Sterbenlassens die Tausend pro Tag erreicht hatte, wurde mir bewusst, dass ich diese Zahl nicht begreife. Wüsste ich die Namen von eintausend Menschen? Würde ich je diese Anzahl von Menschen umarmen? Und sehe ich, im Umkehrschluss, mich – mein Leben, meine Privilegien, meine Impfung, mein Arbeiten im Homeoffice, meine Krankenversicherung – in der astronomisch hohen Zahl an Leichen, die durch das Spektakel des öffentlichen Lebens in den letzten zwei Jahren angehäuft wurden? Wo bin ich in dieser Zahl? Wo sind meine Freunde und meine Studenten? Wo ist mein Vater?

Während wir damit beschäftigt sind, unsere Toten zu zählen, unsere Kranken zu behandeln und unser Leben inmitten einer Pandemie und des täglichen politischen Grauens zu meistern, haben wir es noch immer nicht geschafft, diese Zahlen in Worte zu verwandeln, in Geschichten, die unserem individuellen Entsetzen Ausdruck verleihen oder eine gewisse Kraft für politische Maßnahmen erzeugen.

Beim Wechseln des Kolostomiebeutels meines Vaters lerne ich, dass der exponierte Darm keinen Schmerz empfindet.

Heute sind wir umgeben von Bildern und Zahlen dieses Landkörpers, der in Flammen steht. Es ist keine leichte Aufgabe, angesichts der vielen Tragödien, ausgelöst von den Trägern der höchsten Ämter dieser Republik, ein Gefühl der Dringlichkeit und Verantwortung wiederzuerlangen.

Ein Schritt wäre vielleicht, den Blick von den brennenden Körpern abzuwenden und sich den Händen zuzuwenden, die weiterhin Öl in die Flammen gießen. Ich denke dabei an die Geste der schwarzen US-amerikanischen Dichterin Claudia Rankine, die in ihrem Buch *Citizen* die bekannten und abscheulichen Fotografien von Lynchmorden im Süden der USA zu Beginn des 20. Jahrhunderts bearbeitet. Rankine löscht die Bilder der erhängten schwarzen Körper aus und erhält den Rest der Szene. Was wir in diesen neuen Versionen der bekannten Fotografien sehen, sind die begeisterten Gesichter der Menge, ihre versammelten weißen Körper in Sonntagskleidung. Auf einem der Fotos zeigt ein junger Mann lächelnd hinauf in die Baumkrone, in der auf dem Originalbild zwei schwarze Männer hängen.

Die Kraft von Rankines Fotomontagen scheint den Kern des politischen Lebens der Bilder zu treffen: Wenn man die veränderten Fotos der Lynchmorde sieht, auf denen das grausame Spektakel der erneuten Zurschaustellung schwarzer Leichen ausgelöscht ist, bleiben aufgeregte, lachende weiße Gesichter, die sich ihres barbarischen Status als gute Bürger sicher sind.

Das Licht muss auf das Lachen der Hyäne fallen.

Die politische und soziale Verwüstung, die wir in den letzten Jahren erlebt haben, hat ihren Ursprung in den Untiefen des brasilianischen Autoritarismus. Zerstörung ist zur Staatspolitik geworden, Grobheit bestimmt die offizielle Ästhetik, allein die Komplexität von Ideen reicht zur Verfolgung. Das Böse unseres Landes in seiner jüngsten Ausprägung verkehrt Orte des Grauens in Gründe für Nationalstolz: die Sägewerke inmitten des Regenwaldes, die Folterzentren, die Gassen, in denen Todesschwadronen arbeiten, die Architektur der »Dienstmädchenzimmer«, die Wohnung, in der ein Ehemann seine Frau vergewaltigt, der dunkle Hauseingang, in dem Transvestiten verprügelt werden, der »kleine Raum« in Supermärkten, in denen Sicherheitsbeamte arme schwarze Jugendliche misshandeln. Sie werden zu den ethischen Vorbildern, ästhetischen Referenzen und libidinösen Motoren einer neuen Kartographie der Zerstörung.

Der illegale Bergbau ist die Vorzeigeinstitution: ein offener Krieg um Ressourcen, bei dem die am stärksten Bewaffneten gewinnen und diejenigen, die sich noch Menschliches bewahren, leiden. Irgendein Soziologe wird sicher noch ein Buch über die »Bergbau-Ethik und den Geist des brasilianischen Kapitalismus« schreiben, diese Ungeheuerlichkeit, die aus der Wahlverwandtschaft zwischen der rohen Erfahrung der Grenze – die Wirtschaft der ständigen primitiven Akkumulation, deren treibende Kraft Plünderung und Tod sind – und dem *Rent-Seeking* der Angestellten entsteht, eine Verwandtschaft, die die tiefen Verbindungen zwischen der Verwüstung des Waldes, den verspiegelten Bürogebäuden der Avenida Faria Lima und den Palästen in den Hauptstädten des Landes offenlegt.

Brasilien erfindet seine eigenen Allegorien aus dem üppigen Stoff unseres täglichen politischen Lebens. In unserer traurigen Fabel war es der Wolf, der von dem höchsten Posten aus für alle hörbar rief: »Seht, ich bin ein Wolf, ich bin hier und will euch verschlingen.« Er springt in alle Richtungen und zerstört das, was man als sozialen Körper bezeichnen könnte, der mit der Zeit, dachten wir, immer stärker zu werden schien, wenn auch sehr langsam. Der Wolf hasst alles, was nach Gesellschaft riecht. Er sehnt sich nach den dreckigen Kerkern dieser anderen schmutzigen Zeit. Die Bestie schaut uns tief in die Augen, frisst unser Fleisch und saugt an unseren Knochen, krault sich dabei den Bauch und lacht über unsere Versuche, sie zu bändigen.

Der Wolf und sein Rudel werden sicher nicht ewig an der Macht bleiben. Aber die soziale Zeit unterscheidet sich von der Wahlzeit, von dem Zyklus der periodischen Erneuerung der Herrscher, der das Mindestmerkmal einer Demokratie darstellt. Pasolini, beunruhigt über den Zustand der Kultur in Italien in den sechziger Jahren, warnte zwei Jahrzehnte nach dem Sturz Mussolinis davor, dass »der wahre Faschismus für ihn der Faschismus ist, der die Werte, die Seelen, die Sprachen, die Gesten, die Körper der Menschen attackiert«. Hier führte der Urnengang in eine andere politische Richtung, aber diese neue Form der Brutalität dürfte erfolgreich überleben. Noch lange wird sie ihre verzerrte Fratze und ihre scharfen Zähne zeigen, in unseren öffentlichen Einrichtungen, in den sozialen Medien, bei Familienessen, in unserer Sprache, in Arztpraxen, auf Polizeistationen, bei Geburtstagsfeiern, in Gottesdiensten, in dunklen Gassen und auf unseren Straßen.

# JAQUES

*Jaques war an meiner Seite – auf der Straße, in der Kneipe, beim Feiern und bei Prügeleien. Ein Freund, der nur anderthalb Meter groß war, es aber mit jedem aufnehmen konnte.*

*Er ist immer nur in Shorts und Flipflops unterwegs gewesen. Wenn es irgendwo auf der Piste zu einer Prügelei gekommen ist, hat er die Flipflops zur Seite geschleudert und den anderen mit einem Tritt in die Eier platt gemacht.*

*Ich erinnere mich noch an eine Fahrt: Wir mussten mit der Fähre übersetzen, Jaques war als nächster dran, und ich kam hinter ihm. Wir wollten nach Belém und mussten über den Xingu rüber. Als die Fähre angelegt hat, sind zwei Lkws runter gefahren – es passten nur zwei Lkws auf einmal drauf. Und da war ein Autofahrer, so ein riesiger Typ, der nach uns gekommen war, und der hat sich vor Jaques und mich gestellt. Er hat sich vor gedrängelt und gemeint, dass er als nächster dran ist. Der Typ war fast doppelt so groß wie Jaques.*

*»Ist mir egal, ich fahr jetzt drauf«, hat der Riese gemeint.*

*Jaques ist fuchsig geworden. Er hat gesagt, dass wir dran sind und jetzt auf die Fähre fahren. Sie haben sich angeschrien und wild rum gefuchtelt. Der Riese hat sich irgendwann gegen die Brust geschlagen und gemeint: »Ich bin ein richtiger Mann, und ich fahre zuerst.«*

Da hat Jaques seine Flipflops zur Seite geschleudert und gesagt: »Ich bin vielleicht klein, aber ich muss mir nicht gegen die Brust schlagen und rumkrakeelen, dass ich ein Mann bin, damit es auch jeder weiß.« Und dann hat er dem Kerl in die Eier getreten, und der Typ ist nach vorne getaumelt und hat sich fast der Länge nach hin gelegt.

Und er hatte diese krassen Sprünge drauf, er hat den Leuten mit dem Fuß voll gegen die Brust getreten. Jaques hat gern für Chaos gesorgt. Er hat dann immer gesagt: »Didi, misch dich nicht ein! Didi, halt dich raus! Überlass das mir, ich mach das schon.« Und weil ich mich nicht gern geprügelt habe, habe ich nur zugeschaut und ihn angefeuert, weil ich gewusst hab, was für ein Tier er werden kann.


Jaques war der größte Angeber. Er konnte Leuten in die Eier treten, Cachaça trinken und sich Geschichten ausdenken.

Einmal haben wir eine Fahrt nach Rio Branco do Acre gemacht. Zu der Zeit hat die Spedition ein weißes Band mit roter Schrift auf die gelbe Lkw-Plane gehängt, damit auch jeder wusste: »Spedition Soundso liefert nach Soundso«. Rio Branco war eine andere Welt, so weit weg war das, darum sollte das Spruchband unterwegs Werbung machen.

Und wir sind hier in Jaú los und bis nach Acre gefahren. Wir sind durch Presidente Prudente durch, und dahinter kommt schon die Grenze zwischen São Paulo und Mato Grosso. Die Stadt auf der anderen Seite heißt Bataguassu. Gegen abends um sieben haben wir an einer Tankstelle gehalten und ein paar Rabo de Galo getrunken. Er stemmt die Hand in die Hüfte, hebt den einen Fuß hoch ans Knie und hat den anderen auf dem Boden. Und der Barbesitzer fragte uns, wo wir hinfahren. Jaques antwortet: »Wir fahren nach Belém in Pará. Da oben eröffnet eine Filiale der Banco do Brasil und wir haben eine Ladung neuer Geldscheine im Wert von Hunderttausend hinten drin. Der Rest sind nur neue Telefone und Taschenrechner.« War alles gelogen. Wir hatten nur Müll geladen, alte Schreibtischstühle, Papiere, Schränke, gebrauchte Sachen, die sie in der Filiale in São Paulo nicht mehr gebraucht haben und die wir nach Rio Branco bringen sollten.

Aber ein Stück neben uns standen zwei Typen, die vielleicht nicht mal Diebe waren, aber plötzlich auf dumme Gedanken gekommen sind, als sie gehört haben, dass der Lkw mit Geld beladen ist. Sie haben Jaques' Tankdeckel geklaut, und als wir losfuhren, sind sie hinter uns her. Und der Typ fuhr neben dem Lkw, fing an zu hupen und mit dem Tankdeckel zu wedeln. Jaques war schlau und hat kapiert, dass das zwei Gauner sind, die ihn reinlegen wollen.

Dann hat er ordentlich beschleunigt, sich mit dem Lkw vor sie gesetzt, sie dabei fast über den Haufen gefahren, was für ein Chaos, sag ich dir!

Ich bin hinter ihm gefahren und hab den Schlamassel gesehen. Jaques ist vor und zurück geruckt. Als die Typen kapiert haben, dass er nicht anhält, sind sie ungefähr hundert, hundertfünfzig Kilometer weiter gefahren, haben gewartet und uns wieder verfolgt. Da hat Jaques ordentlich Schiss bekommen, und sein ganzer Mut ist verpufft.

Wir haben uns also schnell aus dem Staub gemacht und in

Coxim gehalten, ein Stück weiter, wo es an der Straße eine Polizeistation und eine Tankstelle gab, wo wir abends essen und schlafen wollten.

Er ist wie ein Verrückter in die Polizeistation gerannt und hat gerufen: »Diebe, Diebe, ihr müsst sie fangen«. Die Polizisten waren völlig überfordert: »Wo sind denn die Diebe?« Also haben wir ihnen die Situation erklärt.

Die Nacht ging rum, der Morgen kam, und von den Dieben war nichts mehr zu sehen. Alles gut.

Also sind wir weiter gefahren. Wir sind an Cuiabá vorbei gekommen und auf eine Piste gebogen. Noch ein Stück weiter kam eine Bergkette, die hat den Spitznamen »durchlöcherte Schachtel« gehabt. Jedes Gebirge hatte einen Spitznamen: Jaguarkurve, Jesuskopf, Hexenbrücke ... Wir haben es gerade hoch geschafft, und plötzlich sehe ich, wie Jaques von der Straße schießt. Es war ungefähr halb drei, und auf einmal sind diese Typen mit einem Pick-up wieder aufgetaucht. Der Pick-up stand entgegen der Fahrtrichtung und ist direkt auf ihn zu, und er hat aufs Gas getreten und ist mit einer irren Geschwindigkeit mitten in den Busch rein, dass ich ihn nicht mal mehr sehen konnte. Es hat ungefähr anderthalb Stunden gedauert, bis er da wieder raus gekommen ist.

Noch ein kleines Stück weiter gibt es einen Ort, der Jangada heißt, eine winzige Stadt. Jaques ist dort zur Polizeiwache gegangen und hat mit dem Wachmeister gesprochen. »Ich will für mindestens ein, zwei Tage Begleitschutz, um diese Diebe loszuwerden. Wir sind jetzt schon zwei Tage vor denen auf der

*Flucht, und sie sind immer noch hinter uns her.« Da hat der Wachmeister gemeint, dass er nicht genug Polizisten für Begleitschutz hat, »aber wenn Sie wollen, gibt es da zwei Auftragsmörder, die das übernehmen; hier ist die Adresse, sagen Sie denen, ich hab sie geschickt.«*

*Die Auftragsmörder haben keinen Moment gezögert. Jaques hat ihnen das Essen und einen Tagessatz bezahlt. Und falls sie die Diebe zu fassen bekommen würden, hatten sie die Anweisung, sie umzulegen – so hatte es der Wachmeister befohlen. Damals gab es noch keine Kontrollen. Auftragsmörder haben die Leute wirklich umgelegt, und alle wussten das. Die beiden Typen sind mit einer »12 Gauge« gekommen. Sie haben sie am Lkw fest gemacht und sind den Rest vom Tag und auch ein Stück Nacht mit uns mit gefahren. Dann haben wir geschlafen und sind am nächsten Tag weiter, ohne was zu sehen. Nach zwei Tagen hat Jaques die beiden bezahlt und gehen lassen. Und wir haben dort, wo wir waren, noch Mittag gegessen.*

*Ein Stück weiter gibt es einen Ort, der Pimenta Bueno heißt. Onkel Nerso hat dort Holz gekauft und war gerade da. Pass auf, das glaubst du nicht, Jaques und ich halten am Nachmittag an und es wird schon dunkel. »Also, ich fahre nicht mehr nachts, schlafen wir doch gleich hier«, hat er gesagt. Und so haben wirs gemacht. Wir haben die Lkws da an der Tankstelle abgestellt, geduscht und was am Tresen bestellt, er ein Rabo de Galo, ich einen Schnaps, und sind dann zum Lkw gegangen, um was zu essen. Nerso war da, aber Jaques hat ihn nicht gesehen. Nerso ist ihm ganz langsam hinterher, hat ihm zwei Finger in den Rücken gehalten und gesagt: »Hände hoch!«. Jaques*

*ist ohnmächtig geworden. Er war bewusstlos, ist zu Boden ge-
fallen und hat sich zitternd hin und her gewälzt. Wir haben
ihn geschüttelt und geschüttelt, bis er wieder zu sich gekommen
ist. Wir haben unsere Absacker getrunken, mit Nerso geredet
und dort geschlafen ... und haben nichts mehr von irgendwelchen Dieben gesehen.*

*Jaques ist dann später an Aids gestorben. Du hast ihn als
Kind noch kennengelernt.*

*Ich erinnere mich, wie wir, kurz bevor er krank geworden
ist, von einer Fahrt aus São Luís do Maranhão zurückgekommen sind. Er hat noch zu mir gemeint: »Didi, wir müssen auf-
passen, es gibt eine neue Krankheit, die man nicht heilen kann,
ein Virus, an dem man stirbt. Die Krankheit heißt Aids, habe
ich gehört. Wenn man das kriegt, ist es vorbei.« Ich hatte noch
nie davon gehört, da ging es gerade los mit Aids. Und kurze
Zeit später hat er es bekommen und ist einige Jahre später dran
gestorben.*

*Jaques war ein leibhaftiger Teufel. Ich bin mir sicher, dass
Gott ihm ein schönes Plätzchen gegeben hat.*

# FAHRERSITZ

*Kennen Sie das, der Herr? Haben Sie jemals geduldig die Luft
befühlt, die Sehnsucht ist? Man sagt, dass man sich nach Ideen
und nach dem Herzen sehnt ... Oh. Man sagt, dass die Regierung vorhat, eine gute Straße von Pirapora nach Paracatu zu
bauen ...*

**Grande Sertão: veredas**
**von João Guimarães Rosa**

*Du wurdest auf dem Fahrersitz eines Lkws gemacht.*

Meine Eltern zeugten mich in der letzten Nacht ihrer Flitterwochen in der Fahrerkabine eines parkenden Lkws, der
an einer Tankstelle am Straßenrand in der Nähe von Marília, São Paulo, stand. Im Tagebuch meiner Mutter steht eine
kurze Notiz über diese letzte Nacht der Reise: »Am 3. März
hielten wir um halb zwei zum Schlafen in Marília, und um
neun Uhr morgens waren wir wieder in Jaú.«

Seit meiner Kindheit erzählen mir meine Eltern von dieser Reise und kommentieren, wie ich auf dem Rückweg »gemacht« wurde. Sie erzählen diese Geschichte auch Freunden,
Verwandten und neuen Bekannten. Sie erzählen sie, lachen,

und meine Mutter sagt dann jedes Mal: »Deshalb bleibst du nie lange an einem Ort«.

Und sie zeigen Fotos von der Reise. Auf einem der Bilder posieren sie vor einem hellblauen Mercedes-Benz-Lkw, mein Vater mit dem rechten Arm über ihrer Schulter, sie mit der Hand an seiner Taille. Er mit einer Shorts und einem bis zum Bauchnabel aufgeknöpftem Hemd, sie mit einem lila T-Shirt, einer kurzen orangefarbenen Shorts und der Dauerwelle, die sie sich für die Hochzeit hatte machen lassen. Er ganz ernst, sie lächelnd. Neben dem Lkw sieht man zwei kleine Hocker und Küchenutensilien, mit denen sie auf einem kleinen Gaskocher unterwegs ihre Mahlzeiten zubereiteten. Aus Jaú hatten sie eine Dose mit frittiertem Fleisch mitgenommen, gefüllt mit Schweineschmalz, um die Stücke für die Reise haltbar zu machen. Es lässt sich nicht erkennen, wo das Foto aufgenommen wurde: eine staubige Straße, rundherum niedrig stehendes Gras, irgendein Punkt zwischen Jaú und Belém.

Mein Vater kam in Jaú an und hatte den Lkw voller Ausrüstung, die er zu einer noch im Bau befindlichen Aluminiumfabrik in Pará transportieren sollte. Am nächsten Tag heirateten meine Eltern in der Kirche Nossa Senhora Aparecida, verbrachten die Nacht in der Stadt, fuhren zum Ausliefern der Fracht gemeinsam nach Belém und kamen dann wieder zurück. Für meine Mutter war diese Strecke, die mein Vater bereits Dutzende Male zurückgelegt hatte, die weiteste Reise ihres Lebens.

Diese Flitterwochen in der Kabine eines Lkws tragen starke Spuren von der Herkunft meiner Eltern, ihrer Zugehörigkeit zu einem sozialen Universum, in dem Arbeit, Freizeit und die Vision des Landes Wege sind, die sich kreuzen und ein Geflecht aus Bildern und Worten ihres täglichen Lebens bilden. Ich höre diese Geschichte auch, als wäre sie eine Art Herkunftsmythos, ein Abenteuer, das mein Leben auf intime und zugleich abseitige Weise mit der Straße verbindet.

Neun Jahre lang waren sie unverheiratet zusammen, aber meine Mutter erzählt immer wieder, dass »wenn man alles zusammenrechnet, gerade mal zwei Jahre zusammenkommen, weil dein Vater immer unterwegs war.« Ihre Sehnsucht und die Vorfreude auf die Hochzeit bilden die zentralen Themen des Tagebuchs, das meine Mutter während dieser gesamten neun Jahre führte. Sie arbeitete, ging zu Gebetskreisen und zur Messe, wohnte bei ihren Eltern, traf sich am Wochenende mit ihren engsten Freundinnen und wartete auf meinen Vater. In den neun Jahren ihres unverheirateten Zusammenseins arbeitete sie in der Weberei Camargo Correa in Jaú, nahm kleine Nähaufträge an und half meiner Großmutter im Haushalt. Davor hatte sie einige Jahre als Putzfrau und Küchenhilfe im Haus einer wohlhabenden libanesischen Familie gearbeitet, der das größte Kaufhaus der Stadt gehörte. Als Kind und Jugendliche hatte sie auf dem Feld gearbeitet und bei der Erziehung ihrer drei jüngeren Geschwister geholfen. Später, als mein Vater sich von seiner ersten Herzoperation erholte, arbeitete sie als Empfangsdame in einem Krankenhaus und als Putzfrau in einem Heim für Nonnen.

Ihre Sehnsuchtsbekundungen stehen in ihrem Tagebuch neben Collagen verliebter Paare, Bilder, die meine Mutter aus Fotoromanen ausschnitt, und neben Liebesgedichten, die sie aus Frauenzeitschriften der damaligen Zeit abschrieb.

»Am 11. August 1983 haben wir uns für den Ehevorbereitungskurs angemeldet und die kirchliche
Trauung für um sechs bestellt.«

»Am 28. August 1983 haben wir von halb acht
bis um fünf den Ehevorbereitungskurs gemacht.
Abends waren wir auf der Kirmes. Sonntag.«

»Wir waren von morgens um zehn bis abends
zwanzig nach elf zusammen. Dreizehn Stunden
und zwanzig Minuten waren wir zusammen.
Es war so schön. So Gott will, sind wir in fünf
Monaten verheiratet.«

»Sonntag, 2. Oktober 1983, ich habe meinen
Schatz seit zwölf Tagen nicht gesehen. Er hat mich
angerufen und gesagt, dass alles gut ist und er erst
am zwölften oder dreizehnten wiederkommt.«

Mit dem Näherrücken der Hochzeit verzeichnet das Tagebuch eine hektische Abfolge von Sorgen und Aktivitäten.

Rasch mussten Einladungen verteilt, das Brautkleid bei einer als Schneiderin arbeitenden Cousine meines Vaters in Auftrag gegeben, die aufgeregte Verwandtschaft zum Besuch empfangen und mit ihnen die Hochzeitsgeschenke bestaunt werden, die alle sorgsam auf das neue Ehebett gelegt und mit den Besuchern daneben fotografiert wurden.

Und dann die Hochzeit und die Reise: »Am 11. Februar haben Didi und ich geheiratet. Es war ein wunderbarer Tag. Um sechs haben wir in der Kirche geheiratet und um halb sieben auf dem Standesamt, und danach haben wir im Garten und bei uns im Haus Fotos gemacht, und danach sind wir ins Haus meiner Schwiegermutter gefahren, haben zusammen gegessen und Tante Sula besucht. Ich bin kurz nach Hause gegangen, um mich umzuziehen, und danach haben wir im Haus meiner Schwiegermutter eine Tombola gemacht, und danach haben wir im Gasthaus Capelinha übernachtet, und die Nacht war wunderbar.«

In ihrem Notizheft beschreibt meine Mutter kurz jeden Abschnitt der Reise: die Rastplätze, die Bekannten, denen sie unterwegs begegnen, die Unternehmungen in Belém (Kirche, Park, Markt, Imbisscafé), die Fährüberfahrten und den Alltag auf der Straße: »Am Freitag, 17. Februar 1984, haben wir den Lkw entladen und sind viereinhalb Stunden mit der Fähre gefahren.« »Am 18. Februar bin ich am Samstag bei Zefa geblieben, und Didi hat einen neuen Auftrag gesucht und sich mit Luiz Carlos und Manezinho getroffen. Wir haben bei Zefa Mittag gegessen und uns abends selbst etwas gemacht und waren dann in einer Bar eine Coca-Cola trinken.«

Die Schriftstellerin Annie Ernaux nähert sich in ihrem umfangreichen Werk einer zentralen Thematik aus verschiedenen Perspektiven: der Geschichte der Tochter, die sich von der Herkunftsklasse ihrer Eltern entfernt und dann versucht, sie zu verstehen und zugleich ihren eigenen Platz in der Welt zu begreifen. Auch andere Autoren mit »Abstammungsgeschichte« aus der Arbeiterklasse umkreisen diese tiefgreifende Problematik in ihrem Werk – Tove Ditlevsen, James Baldwin, Didier Eribon, Édouard Louis und weitere Reisende zwischen den sozialen Klassen.

Solche Berichte erzählen von einer Form von Verrat, wie Ernaux es ausdrückt, eines Abgrunds zwischen verschiedenen Formen, sich in der Welt zu verorten, und den mühsamen Versuchen, Brücken zu bauen und Räume der Begegnung aus Erinnerungen, Orten, Worten, Aromen und Zuneigungen zu schaffen.

Es gibt eine Gemeinsamkeit in der Geschichte derjenigen, die markante und komplexe Prozesse des Wechsels der sozialen Klasse durchlebt haben: Im Laufe der Jahre fühlen wir uns dazu genötigt, uns von denen zu entfernen, die uns mit der Welt bekannt gemacht haben. Wir sind gezwungen (und zwingen uns), uns von ihren Gewohnheiten und Gesten, ihrem Umgang mit Geld, Haus und Körper, ihrem Geschmack und vor allem ihren Worten zu lösen. Aber trotz dieses gewundenen Prozesses der Dekonstruktion und Rekonstruktion unseres Selbst, beharrt ein Teil von uns immer darauf, zu bleiben. Wir tragen, wie Pierre Bourdieu es formuliert, unseren »gespaltenen Habitus« in die Welt, diese

Art zweispuriger Brücke an der Grenze zwischen unserem Selbst und einem sozialen Universum, in dem wir getrennte Räume bewohnen. Dieses Gefühl des Bruchs ist in Gesellschaften, die so stark von Ungleichheit geprägt sind wie die brasilianische, umso heftiger und hat einen tiefgreifenden Einfluss auf die subjektive Struktur und die sozialen Verbindungen jener, die nicht der dominanten *race* der Elite angehören – wie es die Psychoanalytikerin und Psychiaterin Neusa Sousa Santos in *Tornar-se negro* (»Schwarz werden«) meisterhaft aufzeigt, einem Buch, in dem sie die unbewussten Strategien und die Formen subjektiven Leids schwarzer Brasilianer analysiert, die zu Beginn der achtziger Jahre sozial aufstiegen.

Diese doppelte Klassenzugehörigkeit verdichtete sich oft zu einem diffusen und hartnäckigen Gefühl der Schuld, der sozialen und institutionellen Entfremdung, einem aufdringlichen Gefühl der Deplatziertheit und Unzulänglichkeit, der anhaltenden Angst, »alles zu verlieren«, und der schwerwiegenden Verantwortung für das Wohl der Eltern – jetzt, wo wir allmählich aufsteigen, können wir sie nicht zurücklassen.

Wir erleiden Wutausbrüche angesichts der täglichen Ungerechtigkeiten, die Teil der teuflischen Maschinerie zum Machterhalt der Eliten sind. Jeden Tag bezeugen wir diese Physiologie der Ungleichheit, an jedem neuen Ort, an dem wir uns bewegen, und normalerweise erfassen wir diese Situationen sofort. Migranten sozialer Klassen haben oft ein Talent für soziale Analysen, was die persönlichen Kosten, die mit diesem Zustand der Aufspaltung verbunden sind, selten ausgleicht.

Niemand hat dieses Drama unseres peripheren Kapitalismus raffinierter herausgearbeitet als Machado de Assis, der selbst ein regelmäßiger Besucher verschiedener sozialer Welten war. In seinen Romanen und Erzählungen wimmelt es von Figuren der brasilianischen Elite mit mittelmäßigen Fähigkeiten und Verdiensten, die dennoch ihren Platz an der Spitze einer perversen Gesellschaft behaupten und im zynischen Glanz eines europäisierten, liberalen Gedankenguts leben. Am anderen Ende der Pyramide zeichnet Machado ein vielgestaltiges Bild der brasilianischen Opfer materieller und symbolischer Gewalt: freie Menschen, die aber von ihren weißen Herren abhängig waren, und versklavte Individuen, für die zum langsamen sozialen Tod der Sklaverei die reale Gefahr zu sterben hinzukam.

Nach meiner Geburt hat meine Mutter nie wieder Tagebuch geführt und so gut wie keine Briefe geschrieben.

Der letzte Eintrag ist ein kurzer Brief an meinen Vater. Unterzeichnet hat sie ihn in ihrem und meinem Namen, zu einer Zeit, als ich gerade frisch geboren war. Diese Zeilen sind die Vorgeschichte meines Schreibens und zugleich eine Art Abschied des ihren:

> »Dido, ich liebe dich.
> Nur wenn du bei mir bist, bin ich glücklich.
> Du und ich und unser Kind.

*Ich liebe dich jeden Tag mehr.*

*Jetzt lieben dich zwei Herzen, meins und das von
unserem Kind.*

*Dido, denk immer an diesen Menschen, der dich
unendlich liebt und immer auf dich wartet.*

*Dirce – und die Frucht unserer Liebe, unser Kind«*

Diese Passage, in der Ernaux von ihrer Mutter spricht, kommt
mir eigenartig vertraut vor: »Ich war mir ihrer Liebe und fol-
gender Ungerechtigkeit sicher: sie verkaufte von morgens bis
abends Kartoffeln und Milch, damit ich in einer Vorlesung
über Platon sitzen konnte.« Die Geschichte von Eltern und
Kindern mit radikal unterschiedlichen Bildungswegen ist
immer mit Schweigen und Ausweichmanövern verbunden,
da sich wichtige Teile unseres Alltags, unserer Arbeit, unserer Lektüren, unserer Vorlieben und Ausgaben nur schwer in
das Universum unserer Eltern übertragen lassen.

Eines Tages, als ich meinem Vater erklärte, dass ich in
meiner Doktorarbeit Politik im Zusammenhang mit Architektur und bezahlbarem Wohnraum untersuchte, befahl er
mir barsch: *Sag ihnen, dass die Armen größere Häuser verdienen.*

In einem akademischen Diskurs würde eine solche Aus-
sage unzählige Diskussionen über die Epistemologie der
»Rede« des Wissenschaftlers (Wer sollte mit den Mächtigen sprechen?), über die öffentlichen und privaten Entschei-
dungsträger in der Wohnungsbaupolitik (Wer sind die Ak-
teure?) und über die historische und politische Konstruktion

von Idealen wie dem »Traum von einem Eigenheim« (die endlose Diskussion über die soziale Integration der Ärmsten durch Konsum) nach sich ziehen.

Das alles hat seine Berechtigung. Ich widme mich diesen Themen in meiner akademischen Arbeit und nehme sie ernst. Aber ich sehe ein, dass es oft genügt, ihnen zu sagen, dass die Armen größere Häuser verdienen – und wir alle wissen, wer mit »ihnen« gemeint ist.

# WAS MEIN IST

*Der Pessimismus war manchmal so organisiert, dass gerade seine Ausübung den Schimmer und die flackernde Hoffnung der Leuchtkäfer hervorbrachte. Ein Schimmer, der Wörter frei erscheinen ließ, als man glaubte, sie seien in einer ausweglosen Situation gefangen.*

**Georges Didi-Huberman**

*Ich spiele Truco, aber ich habe keine Karten mehr in der Hand. Ich truce Bluff. Im Moment gewinne ich.*

Seit seiner Krebsdiagnose rechnet er aus, wie lange er mit diesem Bluff durchkommen kann: meistens kommt er zu dem Schluss, dass ihm noch zwei Jahre bleiben. An besonders optimistischen Tagen steigt diese Zahl auf drei oder vier. Oder sinkt unauffällig, wie in den Worten, mit denen er mir Anfang 2022 ein frohes neues Jahr gewünscht hat: *Ich bin froh, dass ich den Jahresanfang mit euch erleben kann.*

Die Geschichten meines Vaters sind wie bei allen alten Menschen von Toten und Ruinen bevölkert. Voll mit Straßenabschnitten, die längst von der Natur verschlungen wurden, einer Autowerkstatt, die sich in eine Zahnarztpraxis verwandelt hat, Bordellen, die evangelikalen Kirchen gewichen sind, Wäldern seiner Kindheit, die zu Zuckerrohrplantagen geworden sind, Flüssen voller Fische, die heute durch Abwasser verseucht werden. Seine Mutter und sein Vater sind gestorben, Geschwister und Freunde sind nicht mehr da. Die Sprache selbst ist Ausdruck dieses Verfalls: sein Sprechen ist durchsetzt von einem Wirrwarr an Zeitformen, einem Nebeneinander neuer und anderer, von der Zeit verschlissener Wörter, häufigen nostalgischen Gebärden und ausgedachten Geschichten als Gegenmittel gegen die Gedächtnislücken.

Wenn er in unseren Gesprächen eine Geschichte über das Leben auf den Straßen beendet, schließt er für gewöhnlich mit: *Das war das Leben.* Die Zeitform des Satzes, diese rätselhafte Vergangenheit, potenziert die Bedeutungen des Wortes »Leben«: im ursprünglichen Sinn war das Leben, das diese Bezeichnung verdient, das Leben des jungen Körpers und der Arbeit im Lkw – und das ist bereits vorbei. Oder das Leben ist etwas Größeres und dauert noch an, wird aber wahrscheinlich bald zu Ende gehen, weshalb er die Vergangenheitsform des Verbs als Ankündigung, tragische Anerkennung und Zeichen der Solidarität mit dem dann für uns folgenden Kampf verwendet, einen Kampf, der nur unserer ist, nicht seiner – weil wir alle wissen, dass das Leben so ist.

Die biologische Mutation, die der Körper meines Vaters in den letzten Monaten durchläuft, wird von anderen Metamorphosen begleitet.

Die Krankheit erschließt ein neues Terrain des »Empfindsamen«. Er lernt, sich in der komplexen Phänomenologie des Krebses zurechtzufinden: einer Vielzahl von Fläschchen und Packungen mit Medikamenten, Beuteln, Heftpflastern, Materialien unterschiedlicher Viskosität, Substanzen, die in den Körper eindringen und ihn verlassen, um ihn am Leben und funktionsfähig zu halten. Audre Lorde sagt uns, dass jede Amputation »eine physische und psychische Realität ist, die in ein neues Selbstverständnis integriert werden muss«, und ich glaube, das Gleiche lässt sich über das Hinzukommen dieser neuen künstlichen Glieder sagen, die zu einem Teil des Körpers werden – Stomabeutel, Schläuche, Drainagen, Windeln, Katheter, Bauchgürtel, Gehhilfen, Stützstrümpfe, Verbände und chemische Transplantate, die gestörte physiologische Prozesse wiederherstellen. Zu diesen Utensilien gesellt sich eine riesige Kartografie aus Dokumenten, unzählige ärztliche Anweisungen, Rezepte, gezogene Nummern, Gutachten, Untersuchungen, Quittungen, Impfnachweise, Papierarmbänder und Protokolle.

Und eine Atmosphäre des Stöhnens, des andauernden Signaltons der Anzeigetafeln beim Aufrufen der Nummern, dem Rücken von Stühlen und den immer gleichen Sätzen: »der Arzt ist noch nicht da«, »der Herr wird sich gedulden müssen«, »dafür müssen Sie eine neue Nummer ziehen«, »welche Medikamente nimmt der Herr denn ein?«, »warten Sie einfach«, »sie müssen morgen wiederkommen«. Ein Universum gut oder schlecht platzierter Mutmachsprüche: »Alles wird gut«, »Geben Sie nicht auf«, »Sie schaffen das«.

Ein öffentliches Archiv vergleichbarer Fälle, das dem Patienten selektiv übermittelt wird, so dass ihn nur die Erfolgsgeschichten erreichen.

Der zermürbende Wartezustand, die langsam verstreichenden Stunden der Operationen, der Tage mit Bestrahlungen, der Monate zwischen den Kontrollterminen. Der Zeitplan für das Wechseln der Kolostomiebeutel und Urinschläuche. Die qualvollen Minuten vor dem Arztbesuch, als mein Vater seit über 48 Stunden nicht urinieren konnte und das Gefühl hatte, er würde implodieren.

Eine Ökologie der Gerüche und befremdlichen Körperflüssigkeiten, einige reichlich bekannt, andere neu. Die Gerüche aggressiver Reinigungschemikalien, Krankenhausgerüche, Gerüche von Stoffen, die von den neuen Beuteln und ihren undichten Verschlüssen nicht eingeschlossen werden, und ein neuer Geruch, den wir gelernt haben, zuordnen zu können: der Geruch des Tumors und seiner klebrig zähen Masse.

Ein einziger Dschungel aus Wissen und Schweigen: Behandlungsabläufe werden präsentiert, in Frage gestellt, zurückgehalten, verglichen, schlecht erklärt, nicht verstanden, vergessen. Wir leben in einem rätselhaften System miteinander streitender Autoritäten und Kompetenzen, die verbunden sind wie die Räder in einem Getriebe, von dessen Funktionsweise wir wenig Ahnung haben. Die meisten Ärzte sprechen zu schnell und zu leise und verwenden zu viele Fachbegriffe. Mein Vater hört zunehmend schlecht, und die von der Pandemie auferlegten Masken bedingen, dass er von dem, was die Ärzte sagen, fast nichts versteht. Mein Bruder und ich haben uns daran gewöhnt, Satz für Satz die Lautsprecher und Übersetzer dieser Botschaften zu sein (die Krankenschwestern hingegen sprechen immer lauter, wenn sie merken, dass er schlecht hört).

Mitten in all dieser Aufregung gibt mein Vater bekannt, dass von nun an wir die Entscheidungen über die Behandlungen treffen sollen: *Ich mache das, was João und du für das Beste halten.*

Für die Menschen, die den Kranken umgeben, wird das Interpretieren von Anzeichen zu einer unablässigen Routine. Die Krankheit ist ein Dschungel der Signale, eine Bühne für das dauernde Lesen von Empfindungen, Farben, Gerüchen, Lautstärken, Temperaturen, Bemerkungen, Schmerzen und Konsistenzen, die etwas bedeuten können oder nicht, Symptome sein können oder auch nicht, Sinn ergeben können oder auch nicht – und Sinn ergeben, heißt hier, Zeuge der Launen des Krebses zu sein.

Farbänderungen im Stuhl meines Vaters weisen womöglich auf eine Verschlechterung seines Zustands hin, ein eigenartiger Schmerz im Rücken könnte ein Zeichen für Metastasen sein oder einfach eine Begleiterscheinung des Alters, Schwierigkeiten beim Wasserlassen können darauf hindeuten, dass der Tumor die Prostata befällt, und ob Gewichtsverlust nun gut oder schlecht ist, ist uns nie so ganz klar.

Es geht so schnell, dass man die Grenze zwischen gezielter Wachsamkeit und diagnostischer Paranoia überschreitet. Wir wissen nie, wann wir mit der Deutung der Körpersignale aufhören sollen. Wir sind zu besessenen Interpreten eines sich ständig ändernden Textkörpers geworden, ein offenes Werk, das immer wieder eine andere Lesart erfordert, eine neue Wortwahl, die diesen Wust an Schmerzen, Geräuschen, Flüssigkeiten, Gerüchen, Farben und Empfindungen, die wir unmittelbar oder durch die Worte des Kranken mitbekommen, fasst.

Mein Vater ist Teil dieser Gemeinschaft von Lesern. Er ist der Einzige, der Zugriff auf die verschiedenen Ausdrucksformen dieses Körpers hat, seine tiefen, uns unbekannten Schichten. Wie sie der im Sterben liegende Iljitsch fühlt: »Er lag fast die ganze Zeit mit dem Gesicht zur Wand gekehrt, litt einsam immer dieselben unlösbaren Qualen und grübelte einsam über immer denselben unlösbaren Gedanken. Was ist das?«

Wir sind schrecklich arm, wenn es um eine Sprache des Krankseins geht. Virginia Woolf, eine überschwängliche Bürgerin der Welt der Krankheiten und der Worte stellte fest, dass der englischen Sprache die Mittel fehlen, um mit Krankheiten umzugehen – was erstaunlich ist, wenn man bedenkt, wie sehr Krankheit Teil der menschlichen Erfahrung ist. »Die englische Sprache, die in der Lage ist, die Gedanken von Hamlet und die Tragödie von Lear auszudrücken, hat keine Worte für das Frösteln und die Kopfschmerzen …

Das einfachste Schulmädchen, wenn es sich verliebt, hat Shakespeare oder Keats, um ihre Gefühle für sie auszudrücken; aber lassen Sie einen Leidenden versuchen, einem Arzt Kopfschmerzen zu beschreiben, und die Sprache wird bald spröde.«

Im Krankenhaus wiederholen die Ärzte, die einen dreidimensional leidenden Körper vor sich haben, die erbärmlich eindimensionale Frage: »Auf einer Skala von eins bis zehn, wie stark sind Ihre Schmerzen?« Der Zustand des Kranken wird übersetzt in eine Sprache der bildgebenden Verfahren, Labortests, Tumormarker-Messungen, seltenen Abtastbefunde und unsicheren Berührungen.

Mit der Zeit, wenn ich ihm zuhöre und mit seinen Ausdrücken vertrauter werde, begreife ich allmählich die Grenzen der von uns verwendeten Diskurse, um dieser Erfahrung Sinn abzutrotzen: Krebs als Kampf; Krebs als Etappe auf dem Weg zur Heilung; Krebs als mögliche Todesursache; Krebs als unaussprechliches Übel; Krebs als Teil des täglichen Lebens. All diese Diskurse, die die Kultur uns vermittelt und auf die wir, wenn nötig, zurückgreifen können, sind teils wahr und zugleich jämmerlich schlecht.

Auf der anderen Seite des Schreibtischs sitzt der Onkologe, der meinen Vater so gut wie nie ansieht. Fast die gesamte Zeit des Arztgesprächs über starrt er auf seinen Computerbildschirm und fügt der Krankenakte Worte hinzu, auf die wir keinen Zugriff haben. Mediziner verschiedener Fachrichtungen sind sich untereinander uneinig in Bezug auf die undurchsichtigen Verfahren dieser elektronischen Dokumente: ein Urologe, der in die Chirurgie überweist, ein Chirurg, der sich aufgrund des Herzrisikos weigert zu operieren, ein zweiter Chirurg, der eine Operation an einer Stelle vorschlägt, die weit vom ursprünglichen Tumor entfernt liegt, ein Kardiologe, der dem ersten Chirurg widerspricht, ein zweiter Onkologe, der die Entscheidungen des ersten nicht versteht, ein dritter Chirurg, der anderer Meinung ist als alle anderen.

Spezialisten kommunizieren nur über diese Krankenakten, in die sie erst dann schnell einen Blick werfen, wenn der Patient schon vor ihnen sitzt und vor der Tür Dutzende andere Kranke warten.

Wir werden von den Protokollen beherrscht, die die Bewegung des Körpers und der Papiere orchestrieren. Bernadet teilt uns in seinem Bericht als Krebspatient mit: »Sie waren die Ärzte meines Krebses ... Ärzte nach Vorschrift ... Ein Merkmal dieser roboterähnlichen Facette besteht darin, den Körper des Patienten auf Abstand zu halten. Berührungen sind die Ausnahme, alles wird durch Bilder, Untersuchungen und Befunde bestimmt. Der Handschlag ist reine Formalität.« Manchmal habe ich den Eindruck, dass einige der Ärzte eher die Einhaltung des Protokolls im Blick haben und weniger den Krebs, und ich wünschte, sie hätten meinen Vater im Blick.

Das Territorium des Körpers meines Vaters ist in verschiedene Verwaltungsgebiete eingeteilt. Diese werden von Herzspezialisten, Eingeweidemeistern, Harnröhrendoktoren und

Krebszellendompteuren regiert. Mit ihren Instrumenten erkunden sie den Körper, legen die Territorien fest, die in ihren Verwaltungsbereich fallen, die Teile, in denen sie die Fahne hissen können, so wie imperialistische Geographen, die auf einer Kolonialkarte Grenzen einzeichnen.

Bei jedem Gang durch die Abteilungen des Krankenhauses nimmt diese Zerstückelung meines Vaters weiter Gestalt an, ein allmählicher Prozess, der mich immer an die Abbildungen von Rindern erinnert, die in Metzgereien hängen, wo jeder Teil des Tieres umgrenzt und benannt ist.

Ein kranker Körper bittet um eine Betrachtung, die ihn als Ganzes erfasst, aber er bekommt nur bruchstückhafte Antworten. Trotzdem fährt er mit seinen fragilen Grenzen fort: mein Vaters ist eins und leidet.

Die Psychoanalyse lehrt uns seit Jahrzehnten, dass wir nicht als Ganzes geboren werden. Wir kommen pulverisiert in einem Meer der Empfindungen, Gliedmaßen, Geräusche und Flüssigkeiten auf die Welt, die durch einen imaginären Prozess den Anschein von einer Einheit erwecken. Diese ontologische Fiktion, dass wir eins sind, ist vielleicht einer der ältesten Steine, auf denen wir die westliche Zivilisation gebaut haben – der Glaube, dass wir physische und psychologische Grenzen haben, die uns von der Welt und von anderen trennen, die uns ein gewisses Versprechen von Kontinuität in unserer Geschichte und einen Aspekt von Kohärenz und Autonomie in unserer subjektiven Realität ermöglichen. Ohne diese Illusion werden wir in den höllischen Abgrund der Ununterscheidbarkeit zwischen uns und der Welt gestürzt. Daher rührt unsere klassische Angst vor allem, was uns zu zerteilen droht, sei es materiell oder als Bild von uns selbst. Der Körper ohne Grenzen und ohne Einheit ist das, was die Angst im Zentrum des Wahnsinns definiert, oder die politischen Utopien von vernetzten Körpern und Affekten, die typisch sind für eine zeitgenössische Kritik der Identität, des Unteilbaren und der Integration.

Aber der Körper meines Vaters, der durch das medizinische Wissen zersplittert wurde, ist nicht der zerrüttete Körper des Psychotikers oder der somatischen Allianzen von Haraway oder Deleuze: er ist vielmehr das Ergebnis einer Demonstration der Macht, die sich abschottet, um sehen, kontrollieren, behandeln und hoffentlich heilen zu können. Sein Widerstand ist unschuldig modern: Hier ist eine Person, ein Mann mit einem Namen und einer Geschichte, ein lebendiges Wesen, das leidet und Pflege braucht, ein Subjekt, das liebt und sich fürchtet, ein Bürger mit Rechten, ein Geschöpf, das weiterhin die Fiktion nährt, eins zu sein, das jenseits der medizinisch festgelegten Einzelteile seinen Anspruch auf Ganzheit erhebt.

Wenn mein Vater Anwalt wäre, Ingenieur oder Unternehmer, wenn er wie ich einen Doktor hätte, hätte er dann einen Körper, der mehr wäre als die Summe seiner Teile? Könnte er dann die unerlässliche Illusion aufrechterhalten, eins zu sein?

Es stimmt, dass der Vorgang der Aufteilung des Patienten in der Geschichte der Medizin ein Kapitel ist, das entscheidend dafür war, dass jede Fachrichtung vorankommen konnte. Aber diese Logik ist auch politisch: in ihrem Funktionieren, im Alltagsbetrieb der Kliniken und Krankenhäuser, enthüllt sie eine soziale Struktur, in der die Subjekte der Arbeiterklasse der Fließbandarbeit der großen Krankenhäuser, ihren Karenzen und der extremen Bürokratie ausgesetzt sind, die die Zirkulation der Arbeiterkörper auf den Fluren und Zimmern dieser riesigen, kafkaesken Maschinerie durchzieht.

Fragen des Patienten oder seiner Begleitpersonen werden fast immer als Zeichen der Missachtung der ärztlichen Autorität aufgefasst. Mehr als einmal sahen wir uns absurd unhöflichen oder verächtlichen Szenen ausgesetzt, die beinah genauso grausam waren wie die zu bekämpfende Krankheit.

Einer der Ärzte wirft meinem Bruder schreiend vor, er wolle auf alles eine Antwort. Dann sagt er, zum aktuellen Zeitpunkt sei es das Beste, »zu fasten und zu beten«.

Meine Mutter beklagt, dass man nichts machen könne, weil wir von ihnen abhängig seien.

Mein Vater: *Kaum stellen wir eine Frage, behandeln sie uns schlechter.*

*Ich bin eine Umweltkatastrophe* – sagt er im Scherz und meint das klebrige organische Material, dass sich in seinen geriatrischen Windeln sammelt. Wir lachen zusammen über die Art, wie er über diese kleine Müllhalde spricht, die sich dort bildet, ein Gemisch aus fehlgeleiteter Materie, ein Durcheinander der Dinge, dieses promiskuitive Nebeneinander von Urin, Schweiß und Sekreten seines Tumors im Kontakt mit seiner Leistengegend und seinem Gesäß, das sich in den Falten der schlaffen Haut meines Vaters absetzt.

Wir gewöhnen uns allmählich daran, mit diesem Körper zu leben, der schmerzt und sich nicht mehr mit Leichtigkeit bewegen lässt. Nach und nach lernen wir eine neue Pflegechoreographie. Carolina, die Pflegeassistentin, zeigt mir, wie ich den Kolostomiebeutel reinigen und wechseln muss, als ich meinem Vater zum ersten Mal beim Duschen helfe. Sie tut es mit diskreter Anteilnahme und der Akribie japanischer Handwerkskunst. In diesem Krankenhausbad erlebte mein Vater einen seiner verletzlichsten Momente, und ich fragte mich, ob ich aus diesem Bad in eine neue Realität hinaus treten würde – ein Leben, in dem ich die Rolle des Pflegers eines gebrechlichen Vaters würde übernehmen müssen.

Wenn sich Innen und Außen unweigerlich mischen, muss irgendjemand für Ordnung sorgen. An den meisten Tagen ist dieser jemand er selbst. Aber oft sind es mein Bruder, meine Mutter oder ich, vor allem nach den Operationen, wenn er sich tage- oder wochenlang nur eingeschränkt bewegen kann.

Philip Roth hat das in einigen seiner besten Zeilen festgehalten, als er die Begegnung mit den Exkrementen seines kranken Vaters beschreibt: »Du beseitigst die Scheiße deines Vaters, weil sie beseitigt werden muss, doch nachdem du sie beseitigt hast, empfindest du alles, was es zu empfinden gibt, anders als je zuvor […] wenn man den Ekel beiseite schiebt und das Abstoßende ignoriert und all jene Phobien mit einem Schlag hinter sich lässt, die wie Tabus bewehrt sind, trifft man auf sehr viel Leben, das schätzenswert ist. […] Das also war das Vermächtnis für mich: nicht das Geld, nicht die Tefillin, nicht der Rasiernapf, sondern die Scheiße.«

Mein Vermächtnis sind die Worte meines Vaters – die Worte der Geschichten aus meiner Kindheit und all der Geschichten, die ich in diesen letzten Jahren gehört habe, als ich half, seinen fragilen Körper zu pflegen.

Wehmütig erinnert er sich an die Arbeit an der Fernstraße Mogi-Bertioga, laut ihm eine der schönsten Landschaften, die er je gesehen hat. Er ist beeindruckt von der Fähigkeit des Menschen, Hänge zu beschneiden, Felsen zu durchbohren und gewaltige Gebirgsteile zu sprengen, um gewundene Straßen zu bauen. Und er ist verzaubert vom Blick auf das nur wenige Kilometer entfernte Meer. *Ich habe jahrelang dort gearbeitet, aber das Leben eines Lkw-Fahrers war das Leben auf den Straßen, darum habe ich in diesen ganzen Jahren nicht einmal den Zeh ins Wasser gesteckt.*

Was ist das für eine Art, ein Land anhand seiner asphaltierten Ränder und Durchgangsorte zu sehen? Mein Vater ist nur in wenige Hauptstädte des Landes hineingefahren, obwohl er sie alle mit dem Lkw umrundet hat. Die Geographie des Fernfahrers ist die der Verbindungen, und ihre Umgebungen sind in den Berichten der meisten Menschen flüchtig und unbedeutend. Beim Zuhören versuche ich mit aller Macht zu begreifen, welcher Wahrheitsgehalt in diesem Leben auf der Durchfahrt liegt. Nicht zufällig ist »Straße« eine so abgedroschene Metapher, die nur allzu gern als Kunstgriff verwendet wird, um auf einen langen Lernprozess, eine existentielle Reise oder eine stetige Transformation zu verweisen – kurz gesagt, das Leben. Oft ist es auf der Straße *nach* Damaskus – nicht *in* Damaskus –, wo wir lernen, auf neue Arten zu sehen.

*Was mein ist, kann nur ich übernehmen.*

Er redete vom Krebs und seiner zerstörerischen Kraft. Aber der Schatten des Todes war nicht nur das geheime Thema dieses Satzes, sondern auch der Ort, von dem aus er ihn aussprach. Walter Benjamin sagt uns, »der Tod ist die Sanktion von allem, was der Erzähler berichten kann. Vom Tode hat er seine Autorität geliehen.« Als ich diesen Satz wiederlese, den mein Vater an einem der kritischsten Tage seiner Behandlung artikulierte, denke ich, dass das fast vollständige Fehlen geschriebener Zeugnisse und Bilder von seinem Leben auf den Straßen auch die Garantie seiner Autonomie als Lkw-Fahrer und als Erzähler war, sowohl damals als auch heute. Die Freiheit zu leben und zu erzählen, selbst zu bestimmen, was er mit mir teilen wollte, und welche Worte er an die Menschen richtete, die ihn über sein Leben ausfragten. In diesem Zustand konnte nur er sich seiner Geschichte annehmen und das herausarbeiten, was sein war.

Und so nahm er seinen Platz als Erzähler ein und sich dieser Aufgabe mit demselben Mut an, mit dem er sich auch den schmerzhaftesten gesundheitlichen Problemen und dem Trommelfeuer medizinischer Behandlungen stellte.

Nach einer der Operationen, als sein Mund noch ganz weich und seine Sprache von der Anästhesie ganz lallend war, sagte er stolz: *Ich bin gut im Messerkampf mit Ärzten.*

Nach jeder Operation stellt er den Chirurgen dieselben drei Fragen: Wann kann ich wieder fahren? Wann kann ich wieder Bier trinken? Wann mein Churrasco essen?

Im April 2022 nach Monaten ausbleibender Behandlungen und verschiedenen Unstimmigkeiten zwischen den ihn bis dahin behandelnden Ärzten beschließen wir, die Meinung eines weiteren Onkologen einzuholen. Er analysiert sämtliche Befunde, hört sich meinen Bericht an und überweist uns noch am selben Tag zu einem Gastroenterologen. Die beiden beschreiben unabhängig voneinander, welchen Verlauf die Krankheit nehmen wird, wenn der Tumor nicht sofort operiert werde. Ich höre professionell beschriebene Horrorszenarien, aber von einer derart ehrlichen Anschaulichkeit, dass ich sie in dieser Detailliertheit nicht an meine Eltern und meinen Bruder weitergeben kann.

»Ich operiere Ihren Vater nur dann nicht, wenn sich der Kardiologe sicher ist, dass er mit hundertprozentiger Sicherheit auf dem OP-Tisch stirbt«, sagt der neue Chirurg zu mir.

Der Kardiologe klärt uns über die Risiken auf, glaubt aber fest, dass das Herz meines Vaters die OP übersteht.

Im Mai entfernt der Bauchchirurg den Tumor und einen großen Teil des Dickdarms und des Mastdarms, sowie einen kleinen Teil der Prostata, an dem eine Darmschlinge sitzt. Außerhalb des Darms gibt es keine Anzeichen für einen Tumor. Nach der Operation fragt mich der Arzt, ob ich ein Foto des »Stücks« sehen wolle, das entnommen wurde. Ich will. Auf dem Handybildschirm sehe ich zum ersten Mal die rötlich-braune Masse, die schon den hinteren Teil seines Darms verstopft und die Organwand durchdrungen hatte. Der Tumor kam mir zu gleichen Teilen teuflisch und lächerlich vor. Er zeigt das Bild auch meinem Vater und beschreibt jeden einzelnen Teil: hier ist der Tumor, hier der Teil des Darms, der bis zur erneuerten Kolostomie ging, darunter der Anus, der ebenfalls amputiert wurde.

*Herr Doktor, man sagt doch, wer ein Arschloch hat, hat Angst. Dann habe ich jetzt ja vor überhaupt nichts mehr Angst.*

Neulich am Telefon sagte er, dass er von nun an für uns lebe – für meinen Bruder, mich und meine Mutter. Natürlich liegt in diesem Ausspruch auch ein Hinweis auf seine Endlichkeit. Aber es existiert auch eine Bestätigung seiner Rolle im Leben, etwas wie ein: »Seht ihr: ich bin wichtig, ich mache weiter.«

Und er macht weiter. Als Lkw-Fahrer hat mein Vater kochen gelernt, eine Seltenheit unter Männern seiner Generation. Durch die großen Entfernungen zwischen den Restaurants und die Notwendigkeit, auch beim Essen zu sparen, musste er sich mit einem Gaskocher und wenigen Küchenutensilien am Straßenrand sein Essen zubereiten. Er ist zu einem hervorragenden Koch geworden und hat sich mit der Zeit ein umfangreiches Repertoire angeeignet. Seine Spezialität sind Fleischgerichte. Wenige machen ein so gutes Churrasco wie mein Vater. Er ist mit seinem Lieblingsfleischer befreundet, dem einzigen der Stadt, den er noch immer bewundert, nachdem er sich jahrelang mit den anderen gestritten und die Beziehung zu ihnen abgebrochen hat – er schwört, dass keiner von ihnen das Fleisch richtig zugeschnitten hat, dass sie Katze als Hasen verkaufen und ihn nicht mit der Aufmerksamkeit bedient haben, die er verdient habe.

Mein Lieblingsgericht ist seine Polenta, die er absolut auf den Punkt zubereitet, eher weich als hart, mit Hähnchen in Tomatenrahm und einem Spiegelei oben drauf, bei dem das Eigelb noch flüssig ist. Aber Freunde und Bekannte schätzen ihn auch für seinen Reis mit Dörrfleisch, für sein Grillhähnchen mit Kartoffeln und Linguiça Calabresa, sein Maminha in Biermarinade, seine Rinderzunge in roter Soße und seine Feijoada, die zum Niederknien ist.

Bis heute fragt er mich am Telefon jedes Mal, ob ich schon zu Abend gegessen hätte. Er sagt oft: *Meine größte Angst ist, dass du hungern musst.*

In den letzten Jahren hatte er sich dazu verschrieben, seinen beiden Söhnen Essen in Tupperdosen mitzugeben, die wir bei jedem Besuch in Jaú immer wieder mitbringen. Auf die Tupperdosen klebt er Zettel, auf denen das Gericht steht: *Hakkfleisch, Fejuada, Reis mit Derfleisch, Linguisa.* Die Worte stehen da genau so, aufgeschrieben, wie man sie hört. Das ist die Kunst seiner Orthographie, so persönlich und echt wie das Essen, das er zubereitet.

Als ich für meinen Doktor in die Vereinigten Staaten ging, brachte ich den Großteil meiner Bücher nach Jaú. Mein Vater baute extra ein Regal für sie. Er machte nicht nur ein Möbelstück selbst, sondern auch seine Witze: Wenn ich meine Eltern besuchte, sagte er immer, er hätte wieder einen ganzen Regalmeter gelesen und hätte die Bücher schon bald alle durch. Und früher, wenn er meinen Bruder und mich im Studentenwohnheim besuchte, scherzte er gern, die Studenten auf dem Campus hätten ihn angesehen und gesagt: *Seht euch nur diesen Professorenopa an*, oder, *Sie haben mich eingeladen, eine Vorlesung über Lkws zu halten.* Wenn ich sage, dass ich gerade einen wissenschaftlichen Aufsatz schreibe oder ein Seminar vorbereite, sagt er immer, *Gut, wenn du Hilfe brauchst, sag mir einfach Bescheid.*

Bei unseren letzten Krankenhausbesuchen lerne ich auch, mich spielerisch in seiner Welt zu bewegen. Ich sage zu ihm, dass mir meine Lkw-Kumpels fehlen und der Sonnenaufgang auf der Fernstraße Mogi-Bertioga. Ich gebe damit an, dass ich während meiner Zeit in Italos Werkstatt ein Tor gebaut habe, das über sechzig Jahre gehalten hat, und dass es zu schön wäre, mal wieder einen Cachaça in der Bar von Dona

Iolanda direkt gegenüber zu trinken. Und wie gerne ich mal wieder mit dem Lkw auf einer Fähre den Fluss Negro entlang schippern würde, noch einmal die Amazonaswelle bestaunen, mich durch den Schlamm auf den Pisten durchkämpfen und den Regenwald im Norden des Landes wiedersehen würde.

Nach einem Monat der Erholung in São Paulo kehrten meine Eltern im Juni 2022 nach Jaú zurück. Die Behandlung geht von dort aus weiter.

Vor Kurzem hat mein Vater neue, stabilere Tupperdosen für die von ihm zubereiteten Gerichte gekauft. *So hält es sich länger, und ich werde noch viel für euch kochen.*

Als ich meine Eltern kurz nach der Operation besuchte, setzten wir uns gleich nach dem Abendessen in den Hof. An warmen Abenden ruhte er sich dort in einem Schaukelstuhl aus.

»Hier setzt du dich hin, wenn du frische Luft schnappen und über das Leben nachdenken willst, hab ich recht, Vater?«

*Über das Leben nachdenken? Ach … das Leben ist das Leben, da gibt es nicht so viel zu denken.*

# DANK

Rita, meiner herausragenden Lektorin und Unterstützerin dieses Projekts von der ersten Minute an, und dem gesamten Team bei Fósforo.

Michele, Marcela, Felipe und Helena für eure Worte und euren wohlwollenden Blick.

Ana, meiner Partnerin auf dieser Reise.

Caio, Fred, Lívia und Mathias, meinen Gefährten bei anderen Erfindungen.

Santiago, meinem Kater und Schreibkumpanen.

Meiner Mutter und meinem Bruder auf unendliche Weise.

Meinem Vater für alles bereits Gesagte und noch viel mehr.